나를
죽이는 건
언제나   나였다

나를
죽이는 건
언제나   나였다

기타노 유이가 지음
민혜진 옮김

내 안의 천재를 죽이는 범인(凡人)에 대하여

天才を殺す凡人

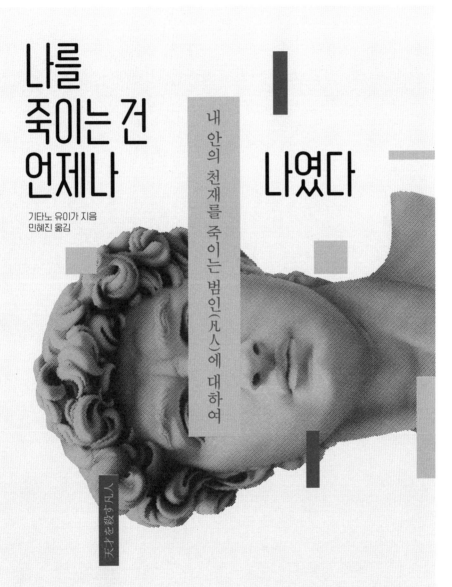

동양북스

우리는 주어진 카드로 인생을 살아갈 수밖에 없다.
중요한 건 내가 가진 카드의 사용법을 아는 것이다.

_ 본문 중에서

• 스테이지 2 • 재능이 다른 사람들과 일하는 법

• 스테이지 3 • 나만의 무기로 싸워라

직장생활을 하면서
이런 생각을 해본 적이 있나요?
그렇다면 이 책을 통해 답을 한번 찾아보세요.

나는 왜 저 사람처럼
못할까?

도대체 내가
진짜 잘하는 일은 뭘까?

저 사람은 왜
저런 말과 행동을
하는 걸까?

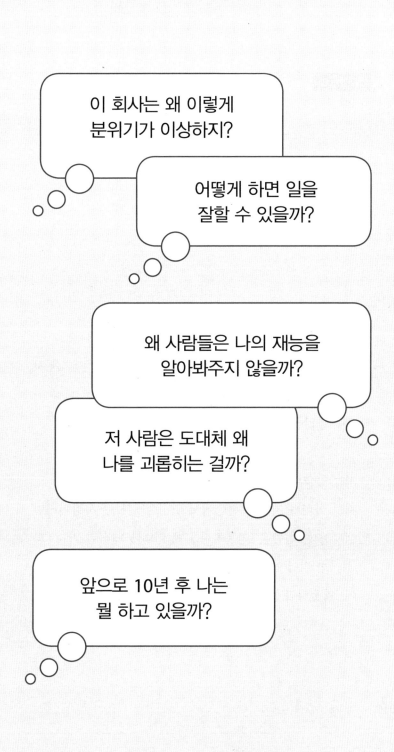

여러분은 일하면서 '억울하다'고 생각해본 적이 있나요?

  예를 들면 '나는 왜 저 사람처럼 야무지게 못 할까?', '왜 하고 싶은 말을 제대로 전하지 못할까?', '왜 사람들은 나를 이해해주지 않을까?' 하는 생각 말이에요.

  저는 있습니다.

  저뿐 아니라 자신의 분야에서 열심히 일하는 사람이라면 인생에서 한 번쯤은 '억울하다', '왜 이렇게 돼버린 거지?'라고 생각한 적이 있을 거예요.

  이 '억울하다'는 감정은 착각하기가 쉬워요. 사실은 남이 아니라 자신을 향한 마음이거든요. 바꿔 말하면 '자신의 재능을 자기 자신이 충분히 살리지 못하는 것에 대한 초조와 슬픔'이죠. 그렇기 때문에 우리는 '아, 나는 더 잘할 수 있는 사람인데……'라면서 억울해하는 거 아닐까요?

그렇다면 문제는 이 '재능의 정체'입니다. 구체적으로 말하자면 '재능이란 도대체 뭘까?'라고 할 수 있죠. 그런데 냉정하게 생각해보면 '나의 재능은 뭘까?'를 이해하는 건 지독하게 어려운 일이에요. 이 질문에 곧바로 대답할 수 있는 사람은 자기 자신에 대해 아주 잘 아는 사람뿐입니다. 대부분의 사람들은 대답하는 데 쩔쩔매지 않을까요?

이 책은 재능을 '비즈니스 세계에서 필요한 세 가지'로 정의하고 그것을 어떻게 하면 살릴 수 있는지 단계적으로 풀어나갑니다. 이 책을 다 읽고 나면 다음 질문에 대한 답을 찾을 수 있다고 약속할게요.

'어떻게 나의 재능을 단계적으로 높일 것인가?'

'나의 재능을 일에서 활용하는 구체적인 방법은 뭘까?'

'재능이 다른 사람들이 서로 협력하는 방법은 뭘까?'

이 책에는 '천재'와 '수재'와 '범인(凡人)'이라는 세 명의 인물이 등장합니다. 그런데 이들은 사실 특정한 누군가가 아니라 우리 내면에 들어 있는 사람들입니다. 하루하루 이들은 서로를 죽이기도 하고 또 돕기도 하면서 살고 있죠.

'왜 평범한 사람은 천재를 죽이는 걸까?'

일단 이 질문을 풀어봅시다. 그러면 첫 번째 재능인 '창의력'의 수수께끼가 풀립니다.

자, 그럼 지금부터 우리 각자의 재능을 이해하고 사랑하기 위한 여행을 떠나볼까요?

• 스테이지 1 •
나의 재능이 뭔지 이해한다

안나의 시대는 끝났다?

"아오노 씨, 이 기사 봤어요?"

"아, 네……."

그가 내민 주간지에는 '카리스마 여사장, 점점 폭주! 공금을 유용하는 카리스마 경영자의 연 수입은 ○○○○만 엔!?'이라는 헤드라인이 들쭉날쭉한 글씨로 장식되어 있다. 눈앞에 있는 남자는 말을 계속한다.

"이런 기사가 안 나오게 하는 게 아오노 씨 일 아니야?"

날이 선 말과 함께 날카로운 시선으로 나를 보고 있다.

그렇다. 내가 하는 일은 홍보다. 기업의 브랜드 이미지를 올리는 게 내 역할이다.

눈앞에 있는 남자, 총무부장 우에야마는 질타를 멈추지 않는다.

"꼭 이런다니까. 사장 연줄로 먹고사는 인간은."

그는 눈을 부라리며 내 사원증을 쳐다본다. 아오노 도루. 내 사원 번호는 0003이다. 우리 회사에서는 입사순으로 사원 번호를 부여한다. 즉 내가 이 회사에 세 번째로 입사한 사원이라는 뜻이다.

"죄, 죄송합니다……."

"계속 이런 식으로 일하면 감봉 대상이라고요. 지금 회사 실적도 안 좋아서 보너스도 삭감될 거고. KPI^{Key Performance Indicator, 핵심성과지표, 개인이나 조직이 특정한 목표를 달성하기 위해 성과를 객관적으로 평가하는 핵심적인 기준을 뜻한다 - 옮긴이} 좀 신경 쓰라고요."

"……네, 알겠습니다."

실제로 최근 2년 동안 내 월급은 점점 줄어들었다.

외국계 기업 출신인 간자키 슈이치가 최고재무책임자(CFO)로 취임하고 나서부터는 성과주의가 기준이 되었다. 그

전까지는 연차가 있어서 그럭저럭 괜찮은 월급을 '당연히' 받았는데, 그 후로는 정밀한 성과 수치로 월급을 책정하다 보니 계속 줄기만 했다. 또 내 업무의 대부분은 '정량화할 수 없는 것'으로 평가되어 2년 연속 최저 등급인 D를 받았다. 그 결과 나에게는 '사장 말미잘'이라는 별명이 붙었다. 즉 사장 옆에 붙어 있는 하찮은 존재라는 뜻이다.

이런 때에는 말로 형용할 수 없는 허무함을 느낀다.

그래서 나는 상념에 잠기곤 한다.

'그때는 참 즐거웠는데.'

창업 당시를 떠올린다. 그때 나는 스물다섯 살이었다. 사장도 다른 사원들도 단결이 잘됐다. 롤러코스터를 타는 듯한 나날이었지만 날마다 웃음소리가 끊이지 않았다. 모두가 같은 곳을 향해 나아가고 있었다. 그로부터 벌써 10년이 흘렀다.

'이직하는 수밖에 없나?'

최근 1년 동안 네 번 이상은 이 생각을 한 것 같다.

실제로 이직하기 위해 면접도 봤다. 하지만 늘 '어떤 질문'

을 들을 때마다 대답하는 데 쩔쩔맸다.

"아오노 씨는 우리 회사에 입사하면 무슨 일을 하고 싶으세요?"

무슨 일을 하고 싶냐고? 나는 무슨 일을 하고 싶은 걸까?

생각해봤다. 그런데 답이 나오지 않았다.

물론 적당히 대답할 수도 있다. 하지만 대충이 아니라 진지하게 생각해보니 아무래도 '무슨 일을 하고 싶은지' 잘 모르겠다.

내가 지금 다니는 이 회사에 입사한 이유는 단 하나였다. 바로 우에노 안나 때문이다.

'천재다!'

처음 그녀를 만났을 때, 나는 온몸에 전율을 느꼈다. 그녀의 재능에 홀딱 반했다. 그래서 그녀가 없는 회사에서 하고 싶은 일을 찾는다는 건 말도 안 된다.

우리 회사는 테크놀로지를 팔고 있다.

화상인식과 음성인식을 중심으로 보안 회사에서 요구한 시스템을 개발하거나 검색엔진 시스템을 위탁받아 제작하고 있다. 최근에는 스마트폰에 최적화된 동영상 제작 서비스도 시작했다. 이른바 '테크놀로지 컴퍼니'다.

나는 넥타이를 느슨하게 풀었다. 이런 날은 혼자 있고 싶지 않다.

○　○　○

"근데 우리 회사도 끝물일까요?"

여기는 호프집. 어디에나 있는 체인점이다. 동기인 요코타랑 후배는 계속 이야기를 나누고 있다.

"으음, 우에노 안나도 이제 끝난 것 같지 않아? 그 인터뷰 봤어?"

"아아, 봤어요. 그거 보고 저 진짜 실망했잖아요. 사장님은 정말 자기밖에 모르는 거 같아요⋯⋯. 예전에는 저도 우에노 안나파였는데."

"나도 마찬가지야."

"근데 마흔 가까이 됐는데도 여전히 미인이더라고요."

하하하하하. 두 사람이 그렇게 웃자 호프집에 음흉한 웃음이 퍼졌다. 나는 짜증이 났다. 그들은 모른다. 나는 반론했다.

"아니야, 우에노 안나는 아직 안 죽었어."

그렇게 말하자 두 사람은 '또 시작이군'이라는 표정으로 나를 쳐다봤다.

　"그럼 그렇지. 오늘도 또 시작됐다, 시작됐어!"

　동기인 요코타가 말한다. 나는 말을 돌린다.

　"그리고 사장님 욕하는 건 그만 좀 해라. 쪽팔리지도 않냐."

　"이야. 역시 홍보맨이셔. 야, 근데 솔직히 이제 우에노 안나 시대도 끝난 거 아냐?"

　"야, 왜 이래. 이 회사를 누가 만들었냐? 그런 얼토당토않은 소리는 하지도 마!"

　우에노 안나. 그녀는 이 회사의 창업자이자 사장이다. 회사 이름인 'CANNA'는 그녀의 이름 ANNA에서 따온 것이다.

　"에이, 아오노 선배, 그렇게 열 내지 마세요."

　나와 요코타 사이를 중재하는 후배의 말을 가로막고 요코타가 말한다.

　"근데 말이야, 진짜 백번 양보해서 사장의 시대가 아직 끝난 게 아니라고 치자. 그럼 그걸 그럴듯하게 보여주는 게 네 일 아니야?"

　"뭐? 그게 무슨 말이야?"

　"홍보의 목적이 그런 거잖아."

　"……뭐, 그렇긴 하지……."

"그러면 네가 무능력한 거지."

그렇다. 우에노 안나의 매력을 회사 안팎으로 알리는 일. 그 일을 제대로 하지 못한 건 내 탓이다. 나는 고개를 떨굴 수밖에 없었다.

이 기분을 뭐라고 표현하면 좋을까? 내가 진심으로 좋다고 생각하는데, 내 노력 부족으로 그것을 상대에게 충분히 전할 수 없을 때.

짜증? 슬픔? 아니다.

지금 누군가가 우에노 안나라는 천재를 죽이려 하고 있다. 이제 내가 할 수 있는 일은 없는 걸까?

침울한 분위기를 감지했는지 후배가 한마디 거들었다.

"아오노 선배도 머리가 복잡할 텐데 너무 뭐라고 하지 마세요."

"그건 그러네. 아오노 미안해."

그렇게 말하고 요코타는 내 어깨를 툭툭 두드렸다.

아니다.

나는 내 일로 이러쿵저러쿵 말하는 게 아니다. 이 세상에 태어난 천재를 지금 누군가가 죽이려 하는데, 그것을 알면서도 아무것도 할 수 없는 나를 견딜 수 없는 것이다.

내가 얼마나 무력한 존재인지를 깨닫게 되었다. 이 기분을 표현하자면 그것은 '억울하다'이다.

말하는 강아지, 하치코와 만나다

나는 늦은 밤 시부야를 걸었다.

"아, 비 오네."

오늘따라 지지리도 운이 없다. 누군가의 말이 끝나기 무섭게 사람들이 역을 향해 뛰어가기 시작했다. 단숨에 빗발이 거세지고 억수같이 쏟아지자 주변에 있던 사람들이 순식간에 사라졌다.

평소라면 사람들로 붐비는 하치코 동상^{일본 도쿄도 시부야의 상징과 같}은 존재로, 주인이 세상을 떠난 후에도 9년 동안 주인을 기다린 '하치'라는 이름의 충견을 기리는 동상이다 - 옮긴이 앞에서 나는 멍하니 위를 올려다봤다.

하치코가 나를 내려다보고 있다. 그런 기분이 들었다.

"너도 빗속에서 고생이구나……."

흠뻑 젖은 정장 옷자락이 축축해졌다. 하치코는 비에도 아랑곳하지 않고 똑바로 앞을 바라보고 있다.

"강아지인가……강아지. 모두에게 사랑받는 존재……차라리 강아지한테라도 그 비결을 배우고 싶은 심정이군."

나는 강아지 동상을 향해 속절없이 어이없는 말을 내뱉었다.

……? 그 순간 동상의 입꼬리가 올라가는 것처럼 보였다.

그럴 리가 없잖아. 비가 거세졌다. 아무도 없는 시부야에서 나는 마음속으로 외쳤다.

'부탁이에요. 부디 저에게 힘을 빌려주세요. 우에노 안나를 구하고 싶어요. 그녀는 제가 인생에서 처음으로 홀딱 반한 천재거든요!'

하치코 동상이 반짝하고 빛났다.

"그 부탁, 들어주지."

"어라……??"

○　○　○

다음 날 아침, 잠에서 깨어나자 눈앞에 강아지가 앉아 있었다.

"이봐~!"

어라? 어라? 강아지가 말을 하고 있다…… 겉모습은 충견 하치코 그 자체. 어느 모로 보나 아키타견^{일본의 대표적인 개 품종이다 - 옮긴이}이다. 그런데 말을 하고 있다.

"이봐~!"

나는 내 눈과 귀를 다섯 번이나 의심했다. 그러다가 어느 순간 정신이 번쩍 들자 이렇게 말했다.

"누, 누, 누구세요?"

"강아지잖아."

"아, 그거야 저도 알겠는데, 어떻게 말을 하는 거죠?"

"말할 수 있는 강아지니까 그렇지."

"아니, 저기 그런 뜻이 아니라……."

"그럼 뭔데?"

"그러니까 당신은 누구세요?"

왠지 모르게 존댓말이 나왔다.

"나 말이야?"

"네."

"CWO지."

CWO? CEO(최고경영책임자) 같은 건가?

나는 정체를 알 수 없는 존재를 보고 있는 느낌이었다.

"시 더블유 오……. 뭐, 뭐예요? 그게?"

"치프 왕왕ゎんゎん, 일본어로 강아지 또는 개 짖는 소리를 뜻한다 - 옮긴이 오피
서."

"치, 치……."

"치프 왕왕 오피서라고."

"아, 그건 설마 강아지라서 왕왕인가요?"

"맞아."

"간사이 사투리에 미묘하게 도호쿠 사투리가 섞여 있는데
요?"

"그건 내가 오사카일본의 행정구역은 47개 도도부현(都道府縣)으로 구성되어 있다.

1도(도쿄도), 1도(홋카이도), 2부(오사카부 · 교토부)와 도호쿠 지방 6현. 간토 지방 6현. 주부 지방

9현, 긴키(=간사이) 지방 5현, 주고쿠 지방 5현, 시코쿠 지방 4현, 규슈 지방 7현, 오키나와현까지 모

두 43현이다. 오사카는 간사이 지방, 아키타는 도호쿠 지방에 속한다 - 옮긴이에서 자란 아
키타견이라서 그래."

"……그럼 저는 이, 이만 가볼게요."

"어딜 간다는 거야? 여기가 네 집이잖아."

"아, 그럼 회사 다녀오겠습니다."

"잠깐 잠깐 잠깐. 거짓말이야 거짓말. 농담이라고. 정말 재미

없는 인간이네. 게다가 내가 간사이 사람일 리 없잖아. 사실 나는 CTO야, CTO."

CTO? 최고기술책임자……. 그런데 강아지가?

나는 강아지의 발을 봤다. 동그스름하고 통통하다. 이 발로 엔지니어링을 할 수 있을 리가 없다…….

참 나. 강아지까지 나를 비웃고 있다니.

내 기분을 알아차린 건지 눈앞에 있는 강아지는 히죽거렸다.

"그게 아니라 T는 탤런트의 T야. 모든 재능을 관리하는 자, 치프 탤런트 오피서! 재능을 속속들이 알고 모든 생물의 정점에 서 있는 남자라고!"

CTO : Chief Talent Officer

"……뭐, 뭐라고요?"

"네가 어제 이렇게 말했잖아. "강아지한테라도 그 비결을 배우고 싶은 심정이군"이라고. 자 그럼, 여기서 퀴즈를 하나 낼게. 우리 강아지들의 재능은 뭘까?"

"강아지의 재능이요??"

"응. 생각해보면 좀 신기하지 않아? 강아지는 요즘 거의 쓸모가 없잖아. 사료값만 많이 들고, 똥이고 오줌이고 마구 싸갈기고. 날마다 산책도 시켜줘야 하고 말이야. 근데도 인간들은 맥을 못 추잖아. 아무것도 안 해도 사료를 주고, 돈이랑 시간도 들이지. 그것도 나름대로 강아지의 탤런트 아닌가?"

강아지의 탤런트……? 생각해본 적이 없다. 그런데 확실히 강아지만큼 손이 많이 가지만 사람의 마음을 사로잡는 동물도 드물다.

"뭐, 듣고 보니 그런 것 같기도 하네요……."

"그렇다니까! 왜 강아지가 사람의 마음을 사로잡는지 알아? 그건 세 가지 이유가 있기 때문이야. 뭔지 알겠어? 이게 바로 재능을 이해하는 첫걸음이야."

"강아지가 사랑받는 이유라……? 귀여우니까요?"

"아, 완전 바보 천치네! 지금 생각 없이 내뱉는 거지? 귀엽기만 한 동물은 지천으로 깔렸잖아."

"그, 그러네요."

"결론부터 말하자면 강아지가 사랑받는 이유는 작고, 둥그스름하고, 좀 바보 같아서야."

"작고, 둥그스름하고, 좀 바보 같다고요?"

"웅! 이 세상에서 사랑받고 있는 캐릭터는 모두 다 그래. 아기는 어때?"

"확실히 작고……동그랗고, 좀 바보 같네요."

"그렇지. 구마몬곰을 모티브로 한 캐릭터로, 일본 구마모토현의 마스코트이다 – 옮긴이은? 키티는 또 어때? 모두 작고 둥그스름하고 좀 바보 같잖아."

"정말……그러네요."

"사람도 마찬가지야. 완벽하다고 해서 사랑받는 게 아니야. 오히려 반대지. 빈틈이나 허당기 있는 반전 매력을 드러내기 때문에 사랑받는 거야. 우리 강아지 세계도 그렇고. 강아지는 사람을 귀찮게 하기도 하잖아? 근데도 강아지는 미워할 수 없는 존재라고들 하지. 왜냐하면 '곤란하면 배를 뒤집어 까거나, 거시기를 보여줘라'라는 강아지 세계의 속담대로만 하면 사람들이 꼼짝도 못 하거든."

그렇게 말하자마자 하치코는 발라당하고 드러눕더니 배와 궁둥이를 번갈아 보여주면서 발을 동동 굴렸다.

"고, 곤란하면……배, 배랑, 거? 거……거?"

"거시기 말이야! 거시기!"

"아아, 네!"

"뭘 그렇게 부끄러워해!"

"죄, 죄송해요!!"

나는 얼떨결에 사과해버렸다. 그러나저러나 엄청난 기세로 말하는 강아지다. 하치코는 계속해서 이야기했다.

"이게 빈틈을 드러내 보인다는 뜻이야. 알겠어?"

"아, 네!"

하치코는 "다행이군!"이라고 말하고는 재빨리 일어난 다음 이야기를 계속했다.

"학벌이 좋고 일을 잘할수록 착각에 빠지지. 강점 덕분에 사랑받는다고 말이야. 하지만 현실은 정반대야. 약점이 있어서 사랑받는 거라고. 즉 강아지의 재능은 사랑스러운 빈틈이라고 할 수 있지."

"사랑스러운 빈틈이요……?"

하치코의 말을 듣다 보니 확실히 짚이는 인물이 있다. 바로 우에노 안나다. 그녀는 완벽하지 않다. 못하는 일도 엄청 많다. 하지만 그런 점이야말로 그녀의 매력이다. 도와주고 싶게 만드니까. 그렇지만 그것이 재능과 무슨 관계가 있단 말인가?

"아, 아……그건 이해했어요. 근데 아까부터 무슨 얘기를 하는 건지 도통 모르겠어요."

"그건 네 마음에 물어봐."

"제 마음이요?"

"어젯밤에 고민이 있어서 나한테 소원을 빈 거 아니었어?"

나는 어젯밤을 떠올려봤다. 비록 술김이긴 했지만 말이다.

"맞아요. 회사 일 때문에 억울한 생각이 들어서……."

"너희 인간들이 떠안고 있는 고민의 원인은 다 똑같아. 그건 자신이 컨트롤할 수 없는 일을 억지로 컨트롤하려고 하기 때문이야."

"컨트롤할 수 없는 일이요?"

"예를 들면 부하 직원이 자기 말을 안 듣는다고 고민하는 거 말이야. 원래 사람은 타인의 마음을 바꿀 수가 없어. 그 사람 감정은 무시하면서 억지로 바꾸려고 하면 그게 되겠어? 그러면 그 부하 직원은 이래서 안 된다, 저래서 안 된다 하면서 온갖 핑계를 대겠지. 근데 아까도 말했지만 고민의 뿌리는 사실 모두 똑같아."

똑같다고? 정말 그럴까? 하치코는 계속해서 말했다.

"모두 자신이 컨트롤할 수 없는 일을 억지로 컨트롤하려고 하니까 힘든 거야. 이를테면 강아지를 연못에 데리고 갈 수는 있어도 물을 억지로 마시게 하는 건 불가능하잖아."

"말(馬)이라면요……?"

작은 목소리로 반론하면서 나는 생각을 바꿨다.

'나는 좀 더 잘할 수 있을 거야', '왜 이렇게 된 거지?', 그런 생각이 들 때, 어쩌면 나도 컨트롤할 수 없는 일을 하려고 했는지도 모른다.

하치코는 말을 이어나갔다.

"짜잔! 그럼, 여기서 깜짝 퀴즈! 인간이 가장 컨트롤하고 싶어 하면서도 그러지 못하는 고민의 원인은 뭘까?"

"음, 다른 사람……때문이 아닐까요?"

"그건 두 번째고, 첫 번째는 '자신의 재능'이야. 바꿔 말하면 없는 것을 달라고 생떼를 부리는 거. 즉 인간이 괴로워하는 가장 근본적인 원인은 자기한테 없는 재능을 바라기 때문이야. 뭐 짚이는 거 없어?"

짚이는 데가 너무나 많다.

어릴 때부터 줄곧 그랬다. '좀 더 멋지게 태어났더라면', '좀 더 부자로 태어났더라면', '좀 더 재주가 많았더라면', '좀 더 똑똑했더라면', '키가 딱 5센티미터만 더 컸더라면'.

몇 번씩이나 되풀이하던 고민거리였다.

"그렇지만 너무 낙담하지는 마. 자기 재능을 알아차리지 못해서 그런 거니까."

"자기 재능이요?"

"애초에 인간의 재능에는 세 가지 종류가 있어<그림 1>. 너는 어느 유형에 가장 가까운 것 같아?"

1. 독창적인 발상으로 사람들이 생각하지 못한 방법을 만들어내서 일을 진행하는 사람

2. 논리적으로 생각하고 시스템이나 숫자, 질서를 중시하며, 성실하게 일을 진행하는 사람

3. 감정이나 분위기를 잘 파악하고 상대의 반응을 주시하면서 움직이는 사람

"뭐, 뭐예요, 이건?"

"잔말 말고 골라봐."

"음……세 번째인 거 같아요. 분위기를 파악하는 건 잘하거든요."

"아, 그러면 너는 범인 유형이네, 범인."

"버, 범인이요?"

천재   수재   범인

[창의력]   [실행력]   [공감력]

< 그림 1 > 천재와 수재와 범인이 있다

"공감력을 중심으로 움직이는 인간이라는 거지. 이 그림을 잘 봐. 이 그림은 차례대로 창의력, 실행력, 공감력이라는 세 가지 재능을 나타내고 있어. 그리고 이 재능에 따라 순서대로 사람을 천재, 수재, 범인 유형으로 나눌 수 있지. 너는 그중에서 범인에 해당하고."

평소 같았으면 화냈을지도 모른다. 하지만 화낼 엄두가

나지 않았다. 누구보다도 나 스스로가 범인이라는 사실을 통감했기 때문이다.

"범인……이라고요?"

"응."

"그러네요……. 이 세 가지 중에서 고르라면 저는 범인이네요. 근데 그래서 고민이기도 하네요."

나는 솔직한 심정을 토로했다.

"저는 마음속 깊이 천재를 동경하고 있거든요."

"천재에 대한 동경? 뭐, 그 심정을 모르는 건 아니야. 그렇지만 천재가 그렇게 좋은 건 아니야. 천재는 변혁을 꾀하다가 범인, 다시 말해 너 같은 사람들 손에 죽을 수도 있거든."

"범인이 천재를 죽일 수도 있다고요……??"

"그렇다니까."

범인이 천재를 죽이는 이유

"이 세상에는 천재라고 불리는 사람이 분명 있어. 천재는 이 세상을 좋게 만들기도 하고 나쁘게 만들기도 하지. 근데 말이야, 변혁을 시도하다가 살해되는 경우도 많아. 물리적인 의미에서도 그렇고 정신적인 의미에서도 그래."

"왜, 왜요?"

"대개의 경우에는 커뮤니케이션의 단절 때문이야. 이건 대기업이 이노베이션을 일으킬 수 없는 이유랑 같은 맥락이야."

내 머릿속에서는 물음표가 둥둥 떠다녔다.

왜, 나 같은 범인이 천재를 죽이는 걸까? 그리고 왜, 그 이유가 기업이 이노베이션을 일으킬 수 없는 이유와 같은 걸까?

"무슨 말인지 도통 모르겠어요."

"조직에는 천재가 이끄는 시대가 있어. 근데 그 시대가 끝나고 나면 수재가 이끄는 시대가 오지. 그때 조직은 평범한 사람이 천재를 관리하게 돼. 그래서 천재는 죽고 이노베이션을 일으킬 수 없게 되는 거지. 이런 구조야<그림 2>. 이 구조를 이해해야 돼. 이게 재능을 이해하는 출발점이거든."

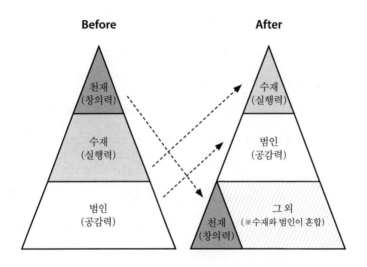

< 그림 2 > '천재의 시대'에서 '수재의 시대'로

천재·수재·범인의 관계

그렇게 말하며 하치코는 네모난 상자를 세 개 그렸다< 그림 3 > .

"우선 중요한 건 이 셋의 관계야. 뭔지 알겠어?"

"다들 서로 양가감정을 느끼고 있네요."

"맞아. 먼저 천재는 수재한테 관심이 없어. 근데 의외로 범인한테는 이해받고 싶어 하지."

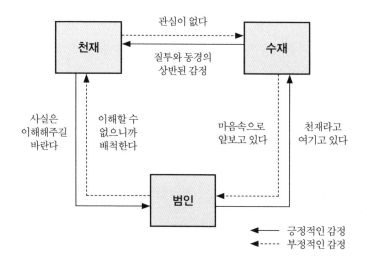

< 그림 3 > 천재 · 수재 · 범인의 관계

"수재도 아닌 범인한테 이해받고 싶어 한다고요?"

나는 우에노 안나를 떠올렸다. 그녀가 범인인 자신을 이해해주길 바라고 있다, 그런 뜻일까?

하치코는 차근히 말을 이어나갔다.

"천재의 역할은 세상을 발전시키는 거야. 근데 그건 범인의 도움 없이는 불가능해. 그래서 상업적인 성공의 대부분은 대다수를 차지하는 평범한 사람이 쥐고 있는 경우가 많아. 엄밀히 말하자면 어린 시절부터 천재는 범인한테 별나다고 취급받거나 괴롭힘을 당하는 경우도 많아서 일종의 보상 심리로 이해받고 싶다는 마음이 뿌리 깊게 자리 잡은 거야."

천재의 어린 시절은 정말로 고독할까? 그렇게 생각해보니 아인슈타인이나 스티브 잡스 같은 천재들도 힘든 어린 시절을 보냈다고 들은 것 같다.

"근데 그와 반대로 범인이 천재한테 느끼는 감정은 차가워. 천재가 성과를 내기 전까지는 그냥 괴짜로밖에 안 보이기 때문에 알게 모르게 배척하려는 경향이 있거든. 천재가 조직의 분위기를 해치는 사차원처럼 보이는 거야. '천재⇄범인' 사이에 있는 '커뮤니케이션의 단절'이야말로 천재를 죽이는 요인이지."

"커뮤니케이션의 단절이라면……말해도 전해지지 않는다는 건가요?"

"애초에 말이야, 커뮤니케이션의 단절은 '축과 평가', 이 두 가지 때문에 일어나는 거야."

축: 그 사람이 '가치'를 판단하는 데 전제가 되는 것. 절대적.

평가: 축을 바탕으로 'Good'이나 'Bad'를 평가하는 것. 상대적.

"예를 들어 너는 축구를 좋아하는데 친구는 축구를 싫어한다고 치자."

"네, 네."

"근데 둘이 싸웠어. 이때 커뮤니케이션의 단절은 평가 때문이야. 구체적으로는 상대방의 생각에 공감하느냐 못 하느냐로 결정돼. '가시마 앤틀러스鹿島アントラーズ, 일본의 프로축구클럽 – 옮긴이가 좋다'는 평가에 공감하면 Good이고, 공감하지 못하면 Bad야. 감이 좀 와?"

"음……, 대충은요."

"대충 이해하는 건 안 돼. 쉽게 말하면 야구를 좋아하느냐 아니냐. 거기에 공감하느냐 못 하느냐 하는 이야기라고. 이건 이해되지?"

"아, 뭔지 알겠어요."

"그런데 이 평가가 바뀌는 경우도 있어. 이를테면 두 사람이 밤새도록 이야기하는 거야. 네가 가시마 앤틀러스의 매력을 프레젠테이션하는데, 친구가 그 이야기를 듣고 엄청 공감했다 치자고. 그럼 Good과 Bad라는 평가가 바뀌게 되지."

"아하! 그게 평가는 바뀐다는 뜻이군요."

"맞아. 그래서 'Good or Bad라는 평가'는 상대적인 거고

'공감하느냐 못 하느냐로 결정되는 것'은 절대적인 거야. 평가는 대화를 하면서 달라질 수도 있지만 축은 안 바뀌거든. 그러니까 축이 달라서 커뮤니케이션의 단절이 생긴다면 대화는 끊임없는 평행선이나 마찬가지야."

지금까지 생각해본 적 없는 문제다.

하치코는 쉬지 않고 이야기했다.

"그리고 천재와 수재와 범인은, 이 축이 근본적으로 달라."

다수결, 천재를 죽이는 검

"천재랑 수재랑 범인은 축이 다르다고요?"

"그렇다니까. 천재는 창의력을 기준으로 일을 평가하는데 수재는 실행력(≒논리력)으로 하고, 범인은 공감력으로 하거든<그림 4>."

"이 세 가지……좀 전에 말한 삼자택일과 같은 거 아닌가요?"

"더 구체적으로 말하면 천재는 '세상을 더 좋게 만든다는 기준에서 창조적인가'로 평가를 내려. 근데 범인은 '그 사람의 생각에 공감할 수 있는가'로 평가하거든. 즉 천재와 범인의

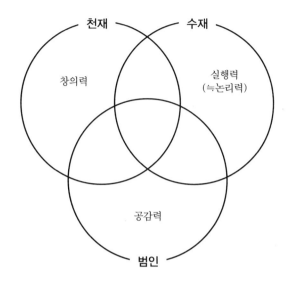

< 그림 4 > 천재와 수재와 범인의 '축' 차이

축은 근본적으로 달라."

"그러니까 영원히 말이 안 통한다……는 거죠?"

"맞아, 맞아!"

"그건 너무 슬픈 일이네요. 제대로 대화를 나누면 서로를
이해하게 될 텐데 말이에요."

"성격이 물러터졌구먼. 대화로 모든 게 해결되면 전쟁이

왜 일어나. 학교랑 회사에서 왕따가 왜 생기냐고. 대화가 모든 걸 해결한다는 건 새빨간 거짓말이야. 내 말이 틀렸어?"

"흐음……."

"근데 원래 이 축에 우열은 없어. 문제는 머릿수 차이야. 수적으로 따지면 범인 ≫≫≫≫ 천재야. 범인의 수가 수백만 배나 많다고. 그러니까 범인이 마음만 먹으면 천재를 죽이는 건 일도 아니야. 역사상 가장 이해하기 쉬운 인물로 치자면 예수 그리스도가 있어. 비즈니스에서도 마찬가지고."

"비즈니스에서도 마찬가지라고요?"

"네가 다니는 회사엔 없어? 너무 재능이 많아서 오히려 시샘을 받고 망가진 사람 말이야."

"아, 네. 그러고 보니 있어요."

"그렇다니까. 비즈니스 세계에서도 마찬가지야. 에어비앤비나 우버, 아이맥 뭐든 그래. 혁신적인 서비스가 제일 처음 생겼을 때는 언제나 범인에게 살해당할 뻔한 위기를 겪는다고. 그건 너무 당연한 일이야. 범인은 천재가 성과를 내기 전까지는 그들을 이해하지 못하거든."

"그래도 그렇게 쉽게 천재가 죽을 것 같지는 않은데요……."

"아니야, 범인한테는 무기가 있어. 천재를 죽일 수 있는 검

말이야. 그 검의 이름은 바로 다수결이야."

"다수결이요?"

"그래. 다수결이야말로 천재를 죽이는 검이지."

내가 생각하는 천재는 우에노 안나다.

그렇다. 그녀는 지금 바로 이 다수결에 살해당할 위기에 놓여 있다.

"그런데 사실 이건 대기업에서 이노베이션이 일어나지 않는 이유랑 똑같아."

대화는 다시 원점으로 돌아왔다.

대기업에서 이노베이션이 일어나지 않는 이유

"무, 무슨 말이에요?"

"대기업에서 이노베이션이 일어나지 않는 이유는 세 가지 축을 하나의 KPI로 측정하기 때문이야."

????? 머릿속에 또다시 물음표가 떠올랐다.

"예전에 한 남자가 대기업 경영기획자로 사내 이노베이션

콘테스트에 참가한 적이 있거든. 그 사람은 그때 엄청난 위화감을 느꼈대. 당시에는 그 이유를 몰랐는데 나중에 창업하고 나서 그 위화감의 정체를 깨달았다고 하더라고. 그건 혁신적인 사업은 기존의 KPI로는 절대 측정할 수 없다는 점이었대〈그림 5〉."

"기존의 KPI로는 측정할 수 없다고요?"

"그래. 예를 들자면 그건 예술 같은 거야. 모든 위대한 비즈니스는 '창조하고 → 확대하고 → 수익을 창출'하는 과정을 거치는데, 각 단계에 적합한 KPI가 달라. 확대와 수익을 창출하는 단계의 KPI는 그럭저럭 이해하기 쉽거든."

하치코는 계속해서 말을 이어나갔다.

"확대는 '사업 KPI'로 볼 수 있고, 수익을 창출하는 단계는 '재무/회계 KPI'로 측정할 수 있으니까. 경영학이 발전하면서 프로세스도 과학적으로 수치화할 수 있게 된 거야. 그런데 말이야, 문제는 창의력이야. 다시 말해 천재인지 아닌지를 측정하는 지표가 없다는 거지."

"천재인지 아닌지를 측정하는 지표가 없다고요?"

"그렇다니까. 진짜 창조적인 건 지금까지 본 적이 없는 거잖아. 그러니까 정의를 내릴 수가 없어. 좀 더 정확히 말하면

항목	창의력	실행력	공감력
비즈니스에서 말하는 가치 사슬	창조하고	확대하고	수익을 창출한다
담당하는 주요 인물	천재	수재	범인
가치를 측정하기 위한 지표	??? (적절한 KPI가 없다)	사업 KPI (CVR, LTV, 방문 수, 생산성 등 프로세스 KPI)	재무/회계 KPI (PL, BS에 실을 수 있는 KPI)

＊ CVR(Conversion Rate): 전환율, LTV(Life Time Value): 고객 생애 가치
PL(Profit and Loss Statement): 손익계산서, BS(Balance Sheet): 대차대조표

< 그림 5 > 천재의 창의력은 기존의 KPI로는 측정할 수 없다

직접적인 정의를 내릴 수가 없다는 거지."

나는 하치코가 하는 말을 이해하려고 안간힘을 썼다.

도대체 무슨 말일까?

"창의력은 직접적으로는 측정할 수 없고 반발의 양을 통해 간접적으로만 알 수 있어< 그림 6 >."

"반발의 양이요?"

"그래. 구체적으로 말하면 공감의 세계에서 살아가는 사람들의 초기 반발이지. 바꿔 말하면 너 같은 인간이 천재를 죽

이려고 하면 할수록 창의력을 말살하는 일이라는 거야."

"창의력은 간접적으로 측정할 수 있다고요……?"

"그래. 에어비앤비나 우버도 처음 나왔을 때는 엄청난 반발에 부딪쳤잖아. 생각해보면 위대한 예술 작품도 마찬가지야. 탄생하기까지 어떤 종류의 위험을 감수해야 한다고."

"위험을 감수해야 한다고요?"

"그래. 원래 기업이 파괴적인 이노베이션을 일으키려면 반발의 양(과 강도)을 KPI로 삼아야 하는데, 그건 일반적으로 불가능해. 왜냐하면 대기업이라는 게 수많은 범인들이 지탱하고 있는 비즈니스의 세계니까. 그래서 그걸 기준으로 KPI를 예측하면 이노베이션을 실행할 수가 없어. 그게 회사를 망치는 위기로밖에 안 보이거든. 이 이론은 클레이튼 크리스텐슨이 말한 거야. 파괴적 이노베이션과 조직의 역학 관계를 설명한 이론이지."

"저 같은 범인이 반발하는 바람에 이노베이션이 일어나지 않는다고요?"

"그래. 참 얄궂지. 천재 경영자를 죽이는 게 너 같은 평범한 사람이라니 말이야."

"아, 아니…… 적어도 저는 그런 짓은 안 해요."

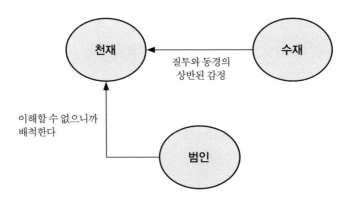

반발의 양을 보면 창의력을 어느 정도 예측할 수 있다

천재

수재

질투와 동경의
상반된 감정

이해할 수 없으니까
배척한다

범인

< 그림 6 > 창의력은 반발의 양을 통해 간접적으로 측정할 수 있다

"허, 그것참 그런 짓을 한다니까."

"죄, 죄송하지만 그런 짓은 절대 안 한다니까요."

"와하하하!"

"아니, 왜 웃으세요!! 이제 그만하시죠!"

"잘 들어. 바로 그런 자네의 반응이야말로 이 이론이 창조적이라는 증거라고."

"놀리지 마세요. 저 지금 진지하다고요!"

"이 얘기, 그러니까 범인이 천재를 죽인다는 거는, 솔직히 처음 들었을 때는 못 믿을 거야. 당연하지. 지금까지 들어본 적이 없으니까. 그리고 사실 범인은 천재를 좋아하거든."

"네? 버, 범인이 천재를 좋아한다고요?"

"응."

"아니 좀 전에는 범인이 천재를 죽인다면서요. 이건 뭐 앞뒤가 맞는 이야기를 하셔야죠. 도대체 지금 무슨 말씀을 하시는 거예요?"

나는 점점 짜증이 솟구쳤다.

"범인은 오셀로라고. 오셀로 게임 말이야. 범인은 천재가 성과를 내기 전까지는 정말 쌀쌀맞다니까. 무서울 정도로 차가워. 그런데 성과를 내는 순간부터 태도를 싹 바꿔. '대단해! 멋있어! 역시 천재!'라고 말하지. 근데 이런 반응이야말로 천재를 두 번 죽이는 거라고!"

"두 번 죽이는 거라고요……?"

"너도 알겠지만 시대는 변해. 시대가 변한다는 건 규칙이 바뀐다는 뜻이야. 그러니까 아무리 천재라고 해도 게임 규칙이 바뀌면 실패하거나 실수하게 마련이야. 근데 문제는 그 순간 범인이 다시 돌아선다는 거야. 저 녀석은 끝났다고 하면서. 얼마 전까지 대놓고 칭찬하던 범인이 갑자기 태도를 싹 바꾸니까 천재는 한없이 외로워지지."

"한없이 외로워진다고요……?"

"천재는 생각해. '아아, 역시 이 세상은 나를 이해해주지 않는구나!'라고 말이야. 이때 천재의 머릿속에는 불현듯 자살이라는 생각이 스쳐가. 역사적으로 보더라도 문학 천재, 예술 천재, 비즈니스 천재들이 성공한 후에 죽음을 택하는 경우가 있잖아."

"자, 자살이요……?"

"응. 그러니까 천재는 두 번 살해당하는 거야. 한 번은 성과를 내기 직전에, 또 한 번은 성과를 낸 다음에."

믿기 어려웠지만 왠지 알 것도 같았다.

나는 우에노 안나가 아무것도 아닌 시절부터 그녀를 지켜봤다. 그녀가 성공을 거두자 세상은 그녀를 천재라고 치켜세웠다. 그런데 시대가 변하면서 그녀는 성과를 내지 못했다.

그랬더니 어떻게 됐을까?

불과 얼마 전까지 "사장님! 사장님!" 하면서 잘 따르던 많은 직원들이 태도를 바꾸기 시작했다. 그것을 보고 나는 분노를 느꼈다.

"천재가 자살한다니……생각만 해도 가슴이 먹먹해지네요."

조금 전까지 느꼈던 분노가 급격히 사그라들었다.

"어라? 좀 전까지의 기세는 다 어디로 간 거야?"

"저 같은 범인이 천재를 죽인다는 말을 들었을 때는 마음에 확 와닿지 않았어요. 솔직히 짜증이 났거든요. 근데 이야기를 듣다 보니 생각이 달라졌어요. 천재를 죽음으로 내몬 건 저 같은 사람들일지도 몰라요."

"와하하, 그렇다니까. 바로 그게 공감력을 축으로 살아가는 사람의 약점이자 매력이지. 즉 Good or Bad의 평가는 바뀌기 쉬워. 지금 넌 오셀로의 말이 뒤집히는 순간을 체험하고 있는 거야."

"……아, 그래요……."

"처음에 한 이야기를 다시 떠올려봐. 어쨌든 창의력은 직접 측정할 수가 없어. 애초에 창조적인 건 기존 틀에 들어맞는 게 아니니까 프레임이 존재하지 않거든."

나는 침을 삼켰다.

"그러면…… 천재를 살릴 방법은 없다는 거예요? 그건 너무 참담한데요. 천재가 살해당하는 모습을 속수무책으로 바라볼 수밖에 없는 건가요?"

"아니, 방법은 있어."

"그게 뭔데요? 빨리 알려주세요!"

"그건 바로 '천재 · 수재 · 범인의 재능론'이야."

○　○　○

이 강아지, 보통내기가 아닐지도 모른다.

나는 신기한 감정을 느꼈다.

그가 하는 말은 지겨울 수도 있다. 하지만 여태껏 들어본 적 없는 날카로운 고찰들뿐이다. 하치코는 이야기를 계속했다.

"잘 들어. '천재 · 수재 · 범인의 재능론'은 쉽게 마스터할 수 있는 게 아니야. 세 단계의 스테이지가 있어. 오늘은 스테이지1의 첫걸음. 이것만 외워두라고."

창의력은 간접적으로나마 측정할 수 있다.

그것은 바로 범인의 '반발 양'을 통해서다.

"언뜻 보면 반대하고 싶어지는 것일수록 창의력이 들어 있는 것일 수도 있어."

"그러면…… 어떻게 하면 좋죠? 어떻게 해야 천재를 지킬 수 있죠?"

나는 한시라도 빨리 답을 알고 싶었다.

"그렇게 안달하지 말라고. 답은 차차 알게 될 거니까. 근데 밥 있어? 하도 말을 많이 했더니 배가 등가죽에 붙어버렸어."

하치코는 그렇게 말하면서 먹이를 달라고 졸랐다. 마지못해 먹을 것을 사러 나가려고 마음먹은 나는 그에게 물었다.

"그런데……당신 이름이 뭐예요?"

"나? 내 이름은 겐이야. 강아지잖아." '개 견(犬)' 자를 일본어로 음독하면 '겐'이 된다 – 옮긴이

겐……. 이 말하는 수수께끼 강아지가 도대체 어떤 일을 일으킬지 나는 도무지 모르겠다.

하지만 만약 이 강아지가 말하는 게 모두 사실이라면, 지금 우리 회사의 프로젝트가 실패할 때 우에노 안나에게는 어두운 미래가 기다리고 있다는 말이 된다.

그것만은 반드시, 반드시 막아야만 한다.

결국 탈이 난 회의

그날 경영 회의에서는 격렬한 논쟁이 일어났다. 사장인 우에노 안나는 이렇게 말했다.

"나는 이 사업을 계속하고 싶습니다."

곧바로 CFO인 간자키 슈이치가 반론했다.

"사장님, 이 사업은 매년 3억 엔의 적자를 내고 있습니다. 게다가 이번 분기에는 주요 KPI 달성도 실패했고요. 지금 이 상태라면 투자자들을 설득할 방법이 없습니다."

간자키는 국내에서 들어가기 가장 어렵다는 대학을 졸업하고 하버드대학에서 석사학위를 취득한 다음 미국계 투자은행에서 일했던 엄청난 엘리트다. 트레이드 마크인 짧은 헤어스타일과 이목구비가 뚜렷한 얼굴을 보면 오랫동안 외국에서 지낸 티가 난다.

안나는 자기주장을 굽히지 않았다.

"나는 투자자들이 어떻게 생각하든 상관없어요. 제일 중요한 건 고객들이 얼마나 여기에 관심이 있느냐는 거죠. 게다가 긴 안목에서 본다면 투자자들도 납득할 겁니다."

CEO 우에노 안나와 CFO 간자키 슈이치.

이 두 사람은 바로 직감파와 이론파다. 경영 회의에서도 둘은 늘 대립한다.

안나가 물러서지 않으면 간자키도 물러서지 않았다. 간자키가 맞받아쳤다.

"이번 분기 들어서 이미 영업이익을 하향 수정했습니다. 게다가 연초에는 주간지에 실린 사장님의 발언 때문에 회사 주가가 10%나 하락했고요. 지금 기존 사업도 어려운데 새로운 투자를 한다는 건 말이 안 됩니다. 이건 경영 이론상으로 봐도 너무나 당연한 이치예요."

"아뇨, 이건 좀 다릅니다."

"도대체 뭐가 다르죠?"

"다릅니다. 간자키 씨. 이렇게 힘든 때일수록 투자를 계속해야죠. 회사를 경영하다 보면 때로는 기복이 있기 마련입니다. 주가가 떨어진다고 해서 새로운 사업을 포기한다면 그거야말로 위험합니다. 그러다 회사가 끝장나는 겁니다."

실제로 CANNA 같은 테크놀로지 컴퍼니는 미래에 대한 기대치에 따라 주가가 크게 변동한다. 5년 전에 상장하고 나서 처음 2년 동안은 바로 이 '미래에 대한 기대치'로 높은 평가를 받았다. 그러나 최근 몇 년 동안 양상이 달라졌다.

간자키 슈이치도 지지 않고 말했다.

"사장님, 작은 일에 얽매여서 큰일을 그르쳐서는 안 됩니다. 이대로 가면 3년도 못 가서 보유한 현금이 바닥날 거예요. 지금까지는 사장님의 카리스마가 시장에서 통했지만 더 이상 쉽지 않습니다. 지금 주거래은행에서 추가 융자도 받기 어려운데, 이대로 가다가는 도산하고 말 겁니다."

"그건 내가 어떻게든 한다니까요."

으휴……. 어디선가 한숨 소리가 터져 나왔다. 그 한숨에는 '또 시작이군', '이제 그만 현실 좀 파악하라고'라는 의미가 담겨 있는지도 모른다.

솔직히 그럴 만도 하다.

한때는 천재 기업가라고 불리던 우에노 안나지만, 최근 3년 연속 사업에 실패했다. 3년 전에 시작한 신규 사업은 불과 1년 만에 수억 엔의 적자를 내고 철수했다. 그다음에 시작한 사업도 별 성과를 거두지 못했다. 계속 적자를 내는 상태였다. 그리고 그때마다 안나는 "내가 어떻게든 할게요"라고 장담했다.

그러나 현실은 뜻대로 되지 않았다. 그 결과 그녀의 '어떻게든 하겠다'는 말은 신뢰성을 잃었다. 이것은 간자키 슈이치에게만 해당하는 게 아니다.

예전에는 안나의 능력을 흠모하던 대부분의 사람들도 지금은 그녀의 재능을 의심하고 있다.

그런데 사실 두 사람의 의견은 어느 쪽도 완전히 잘못되지 않았다. 간자키의 말대로 회사는 지금 힘들다. 일단 다시 정비해야 할 것은 기존 사업인지도 모른다. 게다가 지금까지 신규 사업은 모두 사장인 우에노 안나에게 의존하는 외다리 경영으로 버티고 있었다.

이 회사에서 만약 안나가 새로운 사업을 그만둔다면 신규 사업은 끝이다. 즉 엔진이 멈추는 것이다.

'두 사람의 말이 다 일리가 있다.'

적어도 회의에 참석한 사람들은 그렇게 생각하고 있다. 그리고 우에노 안나가 물러날 경우, 차기 사장은 간자키가 될 것이다.

그렇기 때문에 모두가 몸을 사리고, 어중간한 태도를 취하고 있다. 공개적으로 지지 입장을 밝히는 발언은 삼가는 것이다. 기업이 정체하기 시작하면 사업이 바람직한 방향으로 나아가고 있는지 점검하는 게 아니라 사내 정치에 눈을 돌린다. 오랜 침묵이 이어지자 절충파인 이와사키 이사가 입을 열었다.

"그럼 명확한 기한을 정하는 건 어떻습니까?"

"명확한 기한이요?"

"네, 2년 이내에 흑자 전환이 안 된다면 완전히 철수하는 걸로요. 다들 어떠신가요?"

간자키가 곧바로 수정했다.

"2년은 너무 길어요. 1년으로 하시죠. 더 이상은 무리예요."

1년 만에 흑자를 내라니? 그런 일이 가능할까?

모두가 안나를 바라봤다. 그녀는 크게 심호흡을 한 뒤, 딱 한 마디만 했다.

"알겠습니다. 그렇게 하죠."

곧바로 다른 임원이 말했다.

"그러다가 만약 잘 안 되면 어쩌실 건데요? 투자자들한텐 뭐라고 설명할 건가요? 내부 의견도 부정적이고 리스크도 커서 해봤자……."

그러고는 간자키 슈이치를 곁눈질한다. 아마도 그에게 아부하는 것이리라. 그러나 정작 간자키는 아무런 반응도 하지 않는다. 팔짱을 끼고 입을 다문 채 지그시 앞만 바라보고 있다.

우에노 안나는 눈을 감고 있다. 그리고 이렇게 내뱉었다.

"그때는 제 거취도 생각해보죠."

안나의 말이 끝나자 모두가 잠시 술렁거렸다. 이와사키 이
사가 물었다.

"진, 진심이세요?"

"제 각오를 말씀드린 겁니다. 꼭 되돌려놓을 테니까요."

그렇다. 이번이 그녀에게 마지막 기회인 셈이다.

천재가 회사를 떠나야 할 때

"제 거취도 생각해보죠."

회의실 뒤에서 회의를 지켜보던 나는 그 말에 내포된 의미
를 생각하지 않을 수 없었다. 발이 멋대로 움직였다.

"사장님!"

회의가 끝난 후, 나는 우에노 안나에게 말을 걸었다.

창업 멤버의 특권이랄까? 나는 사장에게 쉽게 말을 건넬
수 있었다.

"무슨 일이세요?"

"이번에도 실패하면 물러나신다는 말씀은……정말 진심이

신가요?"

"물론이죠. 진심이에요."

"정말 괜찮으세요?"

나는 계속해서 이야기했다.

"그렇지만 이 회사는 사장님이 세우신 거잖아요……정말
괜찮으세요?"

6초가량 침묵이 이어진 뒤 그녀는 이렇게 대답했다.

"괜찮을 리 없잖아요……."

엥? 나는 귀를 의심했다. 그녀와 10년 동안 알고 지냈지만
이런 모습을 본 적이 없다. 그런 생각이 들 만큼 자신감 없는
말투였다. 그녀는 말을 이어나갔다.

"15년 동안 내 전부를 바친 회사에서 손을 떼야 하는데, 억
울하지 않을 수 있겠어요?"

모든 걸 바친 회사에서 손을 떼는 일. 창자가 끊어지는 듯
한 심정은 비즈니스에 종사하는 사람이라면 누구나 이해할
수 있으리라. 그녀는 말했다.

"최근 2년 동안 계속 생각했어요. 그리고 마침내 깨달았죠.
이 회사는 지금 다음 단계로 나아가고 있는지도 모른다는
걸요."

"다음 단계……라뇨?"

"지금 우리 회사는 저 같은 경영자를 바라지 않아요. 오히려 간자키 씨 같은 견실한 경영자를 원하죠. 이건 회사가 다음 단계로 나아가고 있는 걸지도 모른다, 뭐 그런 생각을 해 봤어요."

순간적으로 그녀가 눈물을 글썽이는 것처럼 보였다. 아주 뛰어난 재능이 있고, 자신에 대한 확신이 흔들린 적이 없던 우에노 안나가 처음으로 자신의 재능을 의심하기 시작했다. 내 눈에는 그렇게 보였다.

하고 싶은 말이 차고 넘쳤지만 입 밖으로 꺼낼 수가 없었다.

"그렇지만 아오노 씨는 남아주세요."

"네?"

"만약 제가 물러나게 되더라도 아오노 씨는 회사에 남아주세요. 그것만은 제가 임원진한테 확답을 받아놓을게요."

"……아뇨."

"아오노 씨만은 처음부터 끝까지 저를 믿어줬잖아요. 그러니까 무슨 일이 있어도 아오노 씨만큼은 절대로 잘리지 않게 할 거예요."

"그렇지만……."

"그렇지만은 뭐가 그렇지만이에요. 이 약속은 꼭 지킬게요."

"⋯⋯."

"아셨죠?"

이건 아니야, 뭔가 잘못됐다고.

내가 지금 회사에 다니는 이유는 사장님 때문이다. 그러니까 나는 그녀가 없는 회사에 다닐 필요가 없다. 그 말을 했으면 좋았을 텐데, 나에게는 그럴 만한 용기가 없었다. 나는 고개를 숙였다.

"저기, 아오노 씨. 제 말 흘려듣지 마세요. 아셨죠?"

"⋯⋯알겠습니다."

나는 안나를 바라봤다.

가능한 한 평소대로 표정을 지으며 말했다.

"감사합니다."

안나는 미소를 지으며 "그래요!"라는 말만 하고는 자리를 떴다.

안나가 없는 회사⋯⋯? 상상할 수도 없다. 그만큼 나는 그녀의 재능에 반해버린 것이다.

10년 전 안나와 처음 만난 날

딱 10년 전. 벚꽃이 흐드러지게 피어 있던 날, 나는 7년 동안 다니던 대학을 중퇴하고, CANNA에 들어가겠다고 결심했다. 그 당시 그녀는 완전히 무명이었다. 우연히 함께 연극을 했던 괴짜 친구에게 "영국에서 귀국한 미인 크리에이터가 색다른 동영상을 만든다는 것 같더라"라는 말을 듣고 호기심에 찾아 봤다. 그리고 깜짝 놀랐다.

그건 '색다른 동영상'과는 차원이 달랐기 때문이다. 인간의 신체적인 특성을 뛰어넘은, 여태껏 본 적이 없는 예술이었다. 당시 구직활동 중이었지만 확 끌리는 데가 한 군데도 없던 나는 당장 그녀의 회사를 찾아갔다.

한동안은 '월급' 같은 건 있을 것 같지 않았다. 그런데도 일은 재밌었고, 그 선택을 후회한 적은 한 번도 없었다. 그녀를 돋보이게 하기 위해서라면 무슨 일이든 했다. 그렇기 때문에 '안나가 없는 회사'는 생각할 수 없다.

예술과 과학, 무엇이 다를까?

"아, 그건 책무성(accountability)의 차이야."

집에 돌아오니 젠이 배를 박박 긁으면서 대답했다. 방 안은 뒤죽박죽 어질러져 있다. 내가 사는 집은 약 5.5평짜리 원룸이다. 솔직히 말해서 강아지를 키울 수 있는 공간은 없다. 방 안에 있는 텔레비전에서는 시부야의 하치코가 갑자기 사라졌다는 뉴스가 흘러나오고 있었다. 누군가가 훔쳐 간 게 아닌지가 화제인 듯했다. 그 화제의 강아지가 바로 내 눈앞에 있다.

나는 회사에서 있었던 일을 대강 얘기해줬다. 그런데 그에 대한 젠의 대답을 도무지 이해할 수가 없어서 되물었다.

"채, 책무성이요?"

"그래. 설명 능력의 차이라는 거지. 경영은 예술(art)과 과학(science)과 기술(craft)의 조합이라고 말하잖아?"

"네? 그게 무슨 말이에요?"

"넌 정말 아무것도 모르는구나. 이거 엄청 유명한 말인데. 즉 예술과 과학과 기술, 이 세 가지가 어우러져야 비로소 강력한 경영을 할 수 있다는 말이야. 가만있지 말고 어서 메모나 해."

나는 일단 주변에 있던 종이에 메모를 했다.

경영은 예술과 과학과 기술의 조합이다.

겐은 설명을 계속했다.

"이건 정말로 그 말 그대로야. 근데 가장 큰 문제는 과학과 예술의 설명 능력 차이야."

"설명 능력의 차이요……?"

"응. 얼마나 남한테 그 가치를 잘 설명할 수 있는가에 따라 차이가 있다는 말이야. 예를 들어서 새로운 것을 만든다, 새로운 것을 표현한다. 이 말에는 아무리 설명을 잘하려고 해도 알 수 없는 뭔가가 들어 있잖아?"

"그, 그렇죠. 창의력은 측정하기가 힘드니까요."

"근데 이익이나 매출은 설명할 수 있지. 얼마나 벌었는지 숫자로 나오니까 말이야. 중요한 건 재능의 종류에 따라서 설명 능력에 차이가 있다는 걸 깨닫는 거야. 이게 재능을 이해하는 데 가장 중요한 점이고."

"재능에 따라 설명 능력에 차이가 있다……."

"그래. 예술과 과학을 비교해보면 이해하기 쉬워. 경영에

	설명 능력
예술	낮다
과학	높다

< 그림 7 > 설명 능력의 차이

서 예술과 과학은 모두 중요하니까. 그런데 이 둘을 부딪치게 하면 안 돼. 왜냐고? 과학이 이기게 돼 있거든. 과학은 증명할 수 있으니까 설명 능력이 높아. 그에 비해 예술은 증명할 수 없는 부분이 꽤 많거든. 당연히 설명 능력이 낮지< 그림 7 >."

"왠지 알 것 같아요."

"이건 천재랑 수재의 관계에서도 똑같아. 만약 두 사람이 논쟁하면 수재가 이기게 돼 있어. 왜냐하면 수재는 설명 능력이 아주 뛰어나거든."

우에노 안나와 간자키 슈이치. 이 두 사람의 관계도 과연 그럴까?

"아, 역시……."

"그러니까 예술과 과학을 같은 씨름판에서 싸우게 하면 안 된다는 거야. 더 구체적으로 말하자면 '어느 쪽이 좋은가?'를 기준으로 비교하면 안 돼. 과학이 100% 이기니까."

"그럼 어떻게 하면 좋을까요?"

"좀 더 중요한 문제에 집중해야지. '그 목적을 달성하기 위해서 예술이 해야 하는 영역과 과학이 해야 하는 영역은 무엇인가?'를 구분해야 돼. 자세히 설명하자면 예술은 어떤 모습을 비추는 것이고 과학은 현상을 바라보는 유리병 같은 거야. 그리고 기술은 그 둘 사이를 메우는 삽이라고나 할까. 즉 이론적으로 말하면 경영이란 게 원래 이 역할을 이해하면서 해나가는 거니까."

> 예술과 과학은 설명 능력에 차이가 있으므로 직접 논쟁하게 만들어서는 안 된다.

지금까지 그런 건 생각해본 적도 없다. 겐은 계속해서 이야기했다.

공감력은 강하지만 위험하다

"근데 또 하나의 재능 공감력이 사실은 가장 애물단지야. 요즘 세간에 떠도는 말이 하나 있는데, 혹시 '공감의 힘은 강하다'는 말 들어본 적 없어?"

"그러고 보니 SNS에서는 공감 콘텐츠가 가장 중요하다고 하더라고요. 공감을 이끌어내는 콘텐츠가 영향력이 크다고요."

"맞아. 이를테면 정치인보다는 연예인들이 하는 말들이 더 영향력 있고 세상을 움직이곤 하잖아. 그만큼 공감이 중요하다는 거야. 근데 그건 사실 새빨간 거짓말이기도 해."

"새빨간 거짓말이요?"

"응. 정확히는 '공감의 힘은 강하다'는 말이. 왜냐하면 '공감에 따른 의사 결정은 위험'하거든. 그래서 조직의 의사 결정 과정에서 공감력을 판단 기준으로 삼을 때는 정말 신중하게 다뤄야 돼."

"공감력을 기준으로 의사 결정을 하면 안 된다는 건가요?"

"맞아. 왜 그런 줄 알아? 공감력은 다수결의 세계야. 다시 말해 모두가 좋다고 하는 게 좋은 거고, 나쁘다고 하는 건 나쁜 거지. 그런 세계라고."

그러고 보니 지금까지 회사나 학교에서 분위기에 따라 평가가 결정되는 광경을 신물이 날 만큼 목격했다.

"애초에 설명하는 능력이라는 건 결국 목적에 근거한 논리와 다수결에 기반한 거야. 누군가가 새로운 일을 하거나 조직이 새로운 일을 시작하려 할 때, '왜 이걸 하는 거예요?'라는 질문이 나오는 경우가 있거든. 이때 조리 있게 설명하려면 두 가지 방법론밖에 없어."

"두 가지요?"

"그래. 첫 번째는 바로 '이유'. 왜 좋은지를 설명하는 거야. 이건 실행력의 세계인데 공부가 체질에 맞고 지금까지 열심히 공부한 수재가 잘해. 두 번째는 '공감'이야. 모두가 하니까 나도 한다는 거지. 이른바 유행을 따른다는 건데 이건 모두의 마음을 이해할 줄 아는 범인이 잘해. 그리고 유행하는 것 자체가 사실은 설명 능력이 높은 거거든."

⋯⋯도대체 이게 무슨 뜻이지?

"알기 쉽게 설명하면 모두가 좋다고 믿는 것은 사실 그것만으로도 파괴력을 갖고 있다는 거야. 그리고 솔직히 거기에 특별한 이유 같은 건 없어. 즉 곰곰이 생각해보면 이유는 없는데 모두가 믿고 있는 것에는 아주 막강한 힘이 있다는 말이지."

"하지만 이유 없이 유행할 리가 있나요? 모든 히트작에는 다 이유가 있을 것 같은데요."

"아니, 꼭 그렇지도 않더라고. 어디 보자, 알기 쉬운 예를 들자면 가위바위보가 그래."

"가, 가위바위보요?? 주먹, 가위, 보자기 말인가요?"

"맞아. 가위바위보는 참 신기하지 않아?"

"뭐가요?"

"유치원생부터 나이 지긋한 어르신들까지 다 알고 있잖아. 모두가 참가할 수 있고. 그런데 왜 보가 주먹을 이기고, 가위가 보를 이기는 걸까? 그건 그냥 규칙으로 정해져 있고, 그 규칙을 모두가 알고 있으니까 그런 거잖아. 일일이 설명할 필요도 없고 말이야."

"듣고 보니 그러네요. 그래서 참 편하죠."

"그렇지. 이게 공감력의 위대함이야. 한 번 전파된 당연한 것은 파괴적으로 퍼져나가지. 이건 비즈니스도 마찬가지야. 1000만 명이 알고 있고 쓰고 있다는 건, 그것만으로도 굉장한 힘이 있어. 다만 천재나 특히 수재는 그것을 탐탁지 않아해. 논리가 없는 것처럼 보이니까."

"……공감력만으로 결정된 것은 논리가 없는 것도 있다."

"이게 바로 '분위기'의 정체야. 즉 분위기라는 건 모두가 알고 있는 것에서 오는 영향력이지. 그리고 이 분위기는 조직이나 국가를 죽이기도 해."

"분위기가 조직이나 국가를 죽인다고요?"

"알기 쉽게 말하자면 관료 vs. 국민, 엘리트 vs. 일반 시민의 싸움이야. 엘리트 입장에서는 바람직한 정책을 이야기했다고 해도 일반 시민의 심기를 한 번 건드리면 머릿수 싸움에서 지게 마련이야. 왜냐고? 많은 사람이 믿고 있다는 것만으로도 힘이 있기 때문이지."

확실히 아무리 정론을 내세워도 한번 여론에 부딪히면 그 흐름은 꺾을 수 없다. 그런 일은 흔하디흔하다.

"이게 대체로 수재와 범인이 싸우는 이유야. 머리가 좋다고 착각하는 사람일수록 모두가 좋다고 말하는 것에 트집을 잡으려고 하거든."

"그게 무슨 말이에요?"

"이 세상에는 팔리기는 하지만 아주 쓸모없는 것도 있잖아. 근데 수재는 이 사실을 잘 안 믿어. 수재 입장에서는 이해할 수가 없거든. 단도직입적으로 말하면 멍청한 사람들이 속고 있는 거라고 생각해. 수재는 말이야, 그런 걸 제일 싫어해. 거듭 말하지만 이런 생각은 잘못된 거야. 팔리는 건 팔리고 있다는 것만으로도 그 가치가 증명된 거거든."

모두가 믿고 있는 것. 그건 그것만으로 가치가 있다. 화폐도 그럴까?

천재는 보이지 않는 것을 본다

겐은 계속해서 이야기했다.

"근데 혹시 너 유령 본 적 있어?"

"유, 유령이요……?"

"그래. 유령 말이야."

"없는데요. 말하는 강아지라면…….."

"그건 나잖아. 네가 얼마 전에 천재를 동경한다고 말했잖아."

"네, 그랬죠."

"이렇게 생각한 적은 없어? '한 번이라도 좋으니까 천재가 되고 싶다……'고 말이야."

"다, 당연히 있죠…….."

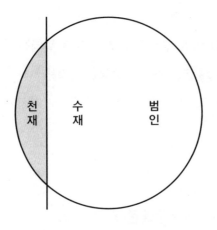

< 그림 8 > 천재 · 수재 · 범인을 구분하는 하나의 선

"그럴 줄 알았어. 천재가 바라보는 세계를 이해하고 싶지 않아? 유령에 비유해서 말해볼게. 이건 내가 어떻게든 천재의 세계관을 알고 싶어 하는 사람한테만 해주는 이야기야."

"음, 도통 무슨 말씀인지……?"

"일단 여기에 커다란 원이 있다고 치자. 근데 원 안에 그 원을 나누는 선이 딱 그어져 있어<그림 8>. 이때 선 왼쪽은 천재의 세계고, 오른쪽은 수재랑 범인의 세계야. 이 두 세계는 완전히 나눠져 있고, 안타깝게도 교차점은 없어. 보지 못하는 사람은 평생 못 보고, 보이는 사람한테만 보이지. 예를 들자면 유령과 같은 거야."

"유령……이라니, 무슨 말인지 아직 잘 모르겠는데요."

"만약 네가 유령을 볼 수 있는 사람이라고 치자. 너만 볼 수 있고 남들 눈에는 안 보여. 근데 네가 '저기 유령이 있다!' 하면 주위 사람들이 뭐라고 하겠어?"

"음, '어디 어디? 거짓말하지 마!'라고 할 것 같은데요."

"맞아. 근데 네 눈에는 정말로 유령이 보여. 사람들은 너를 거짓말쟁이라고 부르지만 말이야. 그럼 넌 엄청 억울할 거야. 그럴 때 어떻게 할래?"

"믿어줄 때까지 알리겠죠. 온갖 방법을 써서요."

"그래그래. '유령이 저 빌딩 앞에 있어! 허옇고 발이 없고 허공에 떠 있는 유령! 지금 저기 있다고!'라면서 설명하려고 할 거야."

"그럴 것 같아요."

"바로 이게 천재의 세계관이야. 다시 말하자면 천재가 바라보는 세계는 묘사할 수는 있지만 실체는 보여줄 수 없다는 말이지."

묘사할 수는 있지만 실체는 보여줄 수 없다…….

"이제 좀 알겠어? 위대한 일을 해내는 사업가도 처음에는 반드시 바보 취급을 당한다고. 멍청이라고 비웃음을 사지. 하지만 절대 포기하지 않아. 왜 그런 줄 알아?"

"모르겠는데요……."

겐은 계속해서 말했다.

"그건 말이야, 그 사람 눈에는 다른 사람한테는 안 보이는 진실이 보이기 때문이야. 유령을 보는 것처럼."

"다른 사람한테는 안 보이는 진실……."

"그래. 뭔가 떠오르는 거 없어?"

그 순간 내 머릿속에 떠오른 건 바로 우에노 안나였다. 내가 그녀의 재능에 홀딱 반해버린 이유는 그녀는 나에게는 보이지 않는 세계를 보고 있다고 느꼈기 때문이다.

"아……그래서 '유령'이라고 표현한 거구나! 이제 조금 알 것 같아요."

"근데 이때 방해 요소가 있어. 그건 바로 설명 능력이 부족하다는 거야. 실행력은 과학의 세계니까 논리적으로 설명할 수 있고, 공감력은 다수결의 세계니까 이것도 머릿수로 설명할 수 있잖아. 근데 천재의 창의력은 그게 불가능해."

"그러네요. 그래서 반발의 양을 KPI로 삼아야 한다는 거죠?"

"바로 그거야."

나는 이 말을 한참 되뇌어봤다. 그러자 한 가지 의문이 떠올랐다.

"음, 그러면 정말로 일 못하는 거랑 어떻게 구별해요?"

"오오!"

"솔직히 회사에 정말로 일 못하는 사람이 있어요. 사람들한테 원성이 자자한 사람 말이에요. 그 사람에 대한 반발의 양을 KPI로 삼는다면 진짜 문제일 것 같은데요?"

"그래그래! 그렇지! 아주 좋은 질문이야! 그 두 가지를 구분하는 방법이 있어. 그건 바로 '넓고 얕은 반발'과 '좁고 깊은 지지'의 비율이야."

넓고 얕은 반발과 좁고 깊은 지지?? 이건 또 무슨 말일까……?

넓고 얕은 반발 vs. 좁고 깊은 지지

"세상에는 '얕은 반발'이란 게 있어. 이유는 알 수 없지만 '왠

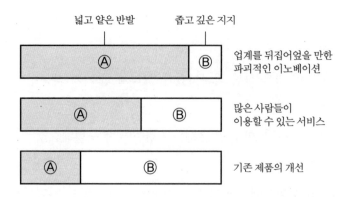

<그림 9> 넓고 얕은 반발 Ⓐ vs. 좁고 깊은 지지 Ⓑ

지 싫다'는 느낌이 바로 그거야. 한편 '깊은 지지'도 있지. 그리고 '넓고 얕은 반발'과 '좁고 깊은 지지'의 비율로 그것이 진정한 이노베이션인지 아닌지를 알 수 있어. 비율로 따져보면 8:2에서 9:1일 거야. 이 비율에 따라 얼마만큼 '창조적인 것인가' 하는 수준을 추측할 수 있어<그림 9>."

겐은 이렇게 설명했다.

넓고 얕은 반발 vs. 좁고 깊은 지지

9:1〜8:2 업계를 뒤집어엎을 만한 파괴적인 이노베이션

7:3～5:5 많은 사람들이 이용할 수 있는 서비스

4:6～2:8 기존 제품의 개선 가능

"왜 이렇게 되는지 알겠어? 그 이유는 아주 단순해. 일단 세상에서 '이노베이터(innovator)'라고 일컬어지는 사람들 눈에는 평범한 사람한텐 보이지 않는 것이 보이거든. 이건 기업가한테만 해당하는 게 아니야. 재능을 가진 인간도 마찬가지야. 그 사람들은 평범한 사람들이 보지 못하는 것에 열광해."

"이게 '좁고 깊은 지지'란 말인가요?"

"맞아. 근데 평범한 사람들 눈에는 그냥 한 분야에 몰두하는 사람들의 특성으로밖에 안 보여. 그러니까 처음에는 기분 나쁘고 이해할 수 없다는 생각밖에 안 들어. 그건 솔직히 말하면 별 이유 없이 그냥 싫은 거야."

"이게 '넓고 얕은 반발'이군요."

"그런데 파괴적인 이노베이션으로 범위를 좁혀서 이 총량을 측정하면 8:2에서 9:1 정도가 되는 경우가 많아. 이른바 캐즘(chasm) 이론이지<그림 10>."

"아, 그렇구나……근데 이건 실제 비즈니스 세계에서도 언급되는 이론인가요?"

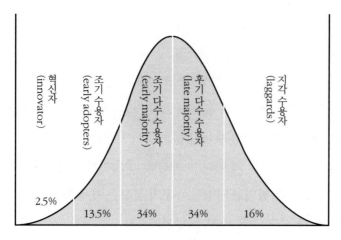

조기 수용자 시장과 조기 다수 수용자 시장 사이의 '깊은 장벽'

혁신자
(innovator)

조기 수용자
(early adopters)

조기 다수 수용자
(early majority)

후기 다수 수용자
(late majority)

지각 수용자
(laggards)

2.5%

13.5%   34%   34%   16%

(출처) 『제프리 무어의 캐즘 마케팅』(翔泳社)

< 그림 10 > 캐즘 이론

"그럼, 그럼. 실제로 나랑 친한 한 전설적인 벤처 투자자는 이렇게 말했어. 모두가 좋다고 생각하는 것은 대체로 좋지만, 모두가 나쁘다고 하는 것도 대체로 나쁘다. 그러나 의견이 갈리는 지점에는 소위 큰 성공에 이르는 돌파구가 존재한다고 말이야."

"의견이 갈리는 지점에 중요한 성공 기회가 있다……."

"그래. 이 말을 좀 더 자세히 설명하면 반발과 찬성에는 반드시 양과 질이 있다는 뜻이야. 구체적으로 설명해보자면 범인의 반발은 눈에 잘 띈다는 말이야. 공감력이라는 특징이 갖고 있는 함정을 조심해야 돼. 얼핏 보면 거세게 반발하는 것처럼 보이거든. 근데 실제로는 느끼는 것보다 훨씬 수위가 약해. 수재의 반발이랑은 달라. 근거가 약하거든."

"공감력은 오셀로 게임이니까 뒤집기 쉽다……?"

"바로 그거야. 예를 들면 욕을 많이 먹는 정치인이 있다고 치자. 국민 한 사람 한 사람한테 물어보는 거야. 당신은 왜 이 정치인을 싫어하나요? 그에 대해 어떤 사실을 알고 있나요? 하고 말이야. 근데 그 이유를 들어보면 대부분 '정치인은 다 거짓말쟁이니까', '주변 사람이나 SNS에서 나쁘다고 하니까'라는 말뿐이거든."

"생각해보니 정말 그러네요."

"또 좋아하는 정치가도 마찬가지야. '한 번 만난 적이 있어서', '말투가 호감이 가니까'. 이런 수준의 이유를 대는 거야. 즉 공감력에 따른 반발은 얕아. 오셀로 게임처럼 말이야. 이게 '넓고 얕은 반발'이라고 말하는 이유야. 의외로 뒤집기 쉽거든."

좁고 깊은 지지와 넓고 얕은 반발.

나는 메모했다.

"어때? 이제 좀 알겠어? 그러니까 경영상 의사 결정을 할 때 공감력을 축으로 하면 안 돼. 이걸 이해하려면 영화 〈알라딘〉을 보는 게 제일 좋은데."

"아, 〈알라딘〉이요……?"

공감력이 위험한 이유

겐은 계속해서 말했다.

"너, 〈알라딘〉은 알지?"

"〈알라딘〉이라면 디즈니에서 제작한 애니메이션 아니에요?"

"맞아. 사실 원작자가 바로 나야. 영화로 제작할 때 각본 조언도 했다니까."

"아, 네……."

나는 어디까지가 진담인지 농담인지 모른 채 이야기를 들었다.

"그 이야기에는 공감력의 함정이 잘 묘사돼 있어."

"함정이요? 위험하다는 말씀인가요?"

"그래. 공감을 축으로 하는 커뮤니케이션이 가장 막강하긴 하지. 근데 그만큼 위험하기도 해. 그게 소위 '우민정치'를 불러오기도 하거든."

"우민정치…… 잘못된 방향으로 가도 바로잡지 않는다는 건가요?"

"맞아. 우리가 타인의 말에 공감이 되는지 안 되는지는 사실 그 이야기의 어떤 부분에 꽂히느냐에 따라 결정돼. 아무리 불합리한 상황도 일단 마음에 꽂히면 불가항력이거든. 그게 '알라딘'의 문제야."

"……알라딘의 문제요?"

"응. 영화 〈알라딘〉은 이렇게 시작해. 알라딘은 너무 배가 고파서 빵을 훔쳐. 그런데 주인한테 들켜서 경찰까지 출동하지. 막 뒤를 쫓아오는 사람들을 알라딘은 가볍게 따돌려. 그러고 나서 간신히 한숨을 돌리고 빵을 먹으려고 하거든. 근데 바로 그때 눈앞에 굶주린 아이들이 나타나. 차마 혼자 먹을 수 없었던 알라딘은 아이들한테 빵을 나눠줘."

"이 부분만 들으면 굉장히 마음씨 고운 주인공의 이야기 같은데요……."

"속지 마! 절대 속으면 안 돼! 평범한 사람은 꼭 이런다니까! 그런 반응이 위험한 거라고."

"뭐, 뭐라고요??"

"각본의 세계에는 이런 속담이 있어. '나쁜 놈을 주인공으로 삼을 때는 반드시 더 나쁜 놈을 적으로 만든다'. 핑계 없는 무덤이 없다는 걸 보여주기 위해서야."

"더 나쁜 놈을 적으로 만든다고요……?"

"응. 일단 냉정하게 생각해보자고. 만약 단골 동네 빵집에 갔다가 모르는 사람이 빵을 훔치는 걸 봤다면 어떻게 할 거 같아? 네가 주인이랑 친분이 있다면 말이야."

"그럼 뭐, 지금 뭐 하는 거냐고 큰소리치겠죠."

"아마 그럴 거야. 근데 생각해보면 그 사람, 알라딘이랑 똑같은 도둑놈이잖아."

"듣고 보니 그렇긴 한데 왠지 좀 억지 같아요."

"아, 진짜. 범인은 꼭 이런다니까. 도대체가 말이 안 통해요."

"왠지 좀 죄송하네요……."

"아직 감 잡으려면 멀었네, 멀었어. 우리가 누군가를 판단할 때, 눈에 보이는 것만으로 그 사람을 평가한다. 〈알라딘〉은

이 무서움을 알려주고 있다고."

"아……."

"알라딘은 '빵을 훔친다'는 명백히 잘못된 행위를 했는데도, 그 후에 아이들한테 나누어줌으로써 관객들을 자기편으로 만들어버리잖아. 그런데 이건 교묘하게 꾸민 함정이야. 예를 들어 〈알라딘〉의 시작 장면이 빵을 훔치는 행위에서 끝났다면 어땠을까?"

나는 상상해봤다. 알라딘이 빵을 훔친다. 도망친다. 끝난다. 이것뿐이라면.

"그건 그냥 진짜 나쁜 놈인데요."

"그렇다니까. 알라딘은 자기가 살기 위해서 빵을 훔치고, 멀리 도망쳤을 뿐이야. 그 빵집 주인을 생각해봐. 그 사람한테는 먹여 살려야 할 처자식이 많았을지도 몰라. 알라딘은 빵집 주인의 노력을 짓밟는 행동을 했을 뿐이야."

나는 이 이야기를 지금 내 업무에 적용해봤다. 어쩌면 홍보 업무는 '무엇을 잘라낼 것인지?'를 결정하는 일인지도 모른다.

"정말 그러네요. 드라마나 예능, 영화에서도 '좋은 부분은 잘라내'고 '나쁜 부분은 부각하는' 악마의 편집이 문제가 된

적이 있잖아요."

"그래그래. 반대로 이 편집만 잘하면 빵집 주인한테 감정이
입을 하게 만들 수도 있어. 예를 들어 빵집 주인이 아픈 아이
의 치료비를 벌기 위해 아침 일찍 일어나서 열심히 밀가루를
반죽하는 장면을 넣는 거지. 그러면 많은 사람들이 알라딘이
아니라 오히려 주인한테 감정이입을 할 거야."

"그렇게 생각하니까 알라딘이 싫어지네요."

"이 점 때문에 공감력이 위험하다는 거야. 이야기의 어떤
부분을 보느냐에 따라 너무 달라지니까. 그러니까 공감력만
을 기준으로 의사 결정을 내리면 일을 그르치기도 해."

공감력은 언뜻 뿌리 깊은 것처럼 보이지만 사실은 바로 뒤
집힐 수 있는 것이기도 하다.

겐은 이어서 말했다.

"그러니까 중요한 건 어떤 부분을 잘라내고 어떤 부분을 보
여줄 것인가야."

테크놀로지 아트 뮤지엄

"같이 가고 싶은 곳이 있어요."

안나가 이 말로 나를 불러냈고 오랜만에 어떤 장소를 가게 되었다.

JR선에서 모노레일로 갈아타고 10분쯤 가면 대형 쇼핑몰이 들어선 그곳이 나온다.

테크놀로지 아트 뮤지엄(Technology Art Museum). 통칭 TAM이다. 이름 그대로 최신 기술을 사용한 예술 작품을 체험할 수 있는 엔터테인먼트형 시설이다. TAM은 다름 아닌 우에노 안나가 창업할 때 지은 시설이다. 나는 멀리서부터 걸어오는 그녀를 바라보았다.

늠름한 자태. 곱디고운 피부. 우뚝 선 콧날과 의지에 찬 눈.

누구나 우에노 안나를 보면 한 번쯤 뒤를 돌아본다.

"오랜만에 오네요."

"예전에는 자주 왔는데 말이에요."

나는 솔직히 기뻤다. 회사가 커지고 나서부터 노동환경은 개선됐지만 그만큼 조금 외롭기도 했다. 학교 축제처럼 열정을 공유할 수 있는 직장이 그리웠기 때문이다.

이제 그 시절로는 돌아갈 수 없는 걸까?

"들어가죠."

"아, 네."

살짝 어두침침한 입구에서 출입문을 빠져나오자 바로 정면에 크고 검은 시설이 나타났다. 우리는 그 안으로 들어갔다.

우주야말로 가장 뛰어난 예술

TAM은 다섯 개의 방으로 이루어져 있다. 방마다 테마가 있어서 이용자는 다른 세계를 맛볼 수 있다.

처음 만났을 때, 안나는 이런 질문을 했다.

"세계에서 가장 뛰어난 예술은 뭐라고 생각하세요?"

나는 분명히 '음악'이라고 대답했다. 그러자 그녀는 말했다.

"나는 '우주'라고 생각해요."

나는 놀라서 되물었다.

"우주가 예술이라고요?"

"그래요. 우주야말로 가장 뛰어난 예술이에요."

나는 이 시간을 좋아했다. 그녀가 이야기하는 세계의 신비

로움. 그건 듣고 있는 사람을 설레게 했다. 그녀는 이어서 말했다.

"우주에 가면 사람들은 친절해질 거예요. 아오노 씨, 왜 그런지 아세요?"

"아뇨……모르겠는데요."

"가치관은 모두 상대적이라는 걸 깨달으니까요."

"상대적이요?"

"우주 공간에서는 위나 아래, 왼쪽이나 오른쪽이란 게 존재하지 않아요. 위는 어느 쪽일까? 아래는 어느 쪽일까? 지구에서는 유효한 단어가 그곳에서는 통하지 않죠. 360도 회전하는 세계에서 자신이 보는 '위'랑 상대방이 보는 '위'는 완전히 다르니까요."

"듣고 보니 그러네요."

"그러니까 우주비행사는 '당신이 보기에 위'나 '입구에서 수직 방향을 봐'라는 식으로 말하죠. 그리고 우주선에서 지구를 바라볼 때, 인간은 깨달아요. 국경조차 인류의 손에 의해 만들어진 거라는 사실을요. 이런 게 바로 예술, 아닐까요?"

안나는 눈을 반짝거리면서 이야기했다.

"사람들은 살아가면서 많은 것을 구별하죠. 나와 타인, 내

국인과 외국인, 흑인과 백인. 참 많아요."

천재, 수재, 범인 바로 이 세 가지 또한 마찬가지다. 인간을 구별하는 것이다.

"그리고 사람들이 뭔가를 구별할 때는 경계선이라는 게 꼭 필요해요.

그 경계선은 무엇에 따라 생겨날까요? 바로 중력이에요. 사람이 지구에 발을 붙이고 살 수 있는 건 중력 때문이잖아요. 저는 '집'이자 '장소'가 중력이라고 생각해요. 그 결과 사람들은 자신의 공간 혹은 자신의 국가라는 개념을 갖는 거죠. 나는 그걸 깨뜨리고 싶어요."

그러니까 이 TAM의 일관된 테마는 '우주(universe)'와 '경험(experience)'이다. 안나는 계속해서 말했다.

"예술과 테크놀로지의 역할은 인간의 의식을 흔드는 거예요. 예술은 그 시대, 미의 기준을 제시하고, 테크놀로지는 지금까지 인간이 할 수 없었던 한계를 없애주죠. 그러니까 예술도 테크놀로지도 눈에 보이지는 않지만 우리를 막고 있던 하나의 선을 지워주는 지우개 같은 거예요. 그리고 나는 우주를 만든 그 존재를 질투해요."

예전에 한 인터뷰에서 '당신의 라이벌은 누구인가요?'라는 질문에 안나는 이렇게 대답했다.

"우주를 만든 존재요."

인터뷰 진행자는 순간 영문을 모르겠다는 표정을 지었다. 나는 그때를 떠올렸다.

안나는 스크린을 가리켰다.

"나는 이 뮤지엄에서 우주에 가까운 것을 표현해보고 싶었어요."

우주에 가까운 것. 돌이켜보면 TAM은 그것을 지향하려고 만든 시설이다.

이곳에서는 먼저 입구에서 특수한 장치를 손과 발목에 부착한다. 손목에 감아 붙이는 리스트 밴드 같은 그 장치는 각각 등에 메는 장치와 얇은 와이어로 연결되어 있고 팔다리의 움직임을 제어한다. 게다가 리스트 밴드 안에는 자석이 들어 있어 TAM 내에 설치된 장치에 따라 자기(磁氣)를 유발해 체감과 체중을 제어할 수 있다. 이것은 상대성을 체험하기 위한 장치이다.

이용자는 여러 가지 어트랙션을 체험함으로써 '몸', '시간', '나이', '집', '죽음'이라는 다섯 가지 요소를 여러 형태로 경험할 수 있다.

예를 들면 '죽음'의 방에서는 손과 발에 부착한 기계가 이용자의 시각과 청각을 빼앗아 체감 연령을 여든 살로 만든다. 그럼 이용자는 거울 앞에 서서 여든 살이 된 자신과 대화할 수 있게 된다. 지금의 나와 미래의 나. 그리고 몇 분 동안 대화가 이어진 후 장면이 바뀐다.

눈앞에는 어린 시절의 나, 열세 살 당시의 내가 나타나고 체험 연령도 그 무렵이 된다.

게다가 마주하는 '또 하나의 나'가 쓰는 단어는 인터넷을 통해 습득한 각자의 문서나 음성 데이터를 언어 처리한 것으로, '말버릇'이나 '말하는 속도'까지 설계되어 있다. 쉽게 말하면 내가 자주 쓰는 단어를, 거울 속의 열세 살과 여든 살의 나도 자주 쓰는 것이다. 또한 이용자는 사전에 간단한 데이터를 등록해두는 것만으로 자신이 지금 살고 있는 방 안에서 이런 '여든 살의 나', '열세 살의 나'와 대화할 수도 있다.

이 TAM 설계 철학의 배경에는 우에노 안나의 '리얼리티'에 대한 집착이 녹아 있다. 안나는 이렇게 말했다.

"리얼리티가 없으면 가상현실은 성립될 수 없어요."

즉 얼굴, 목소리, 사는 곳 등등 체감할 수 있는 모든 것에 리얼리티가 있기 때문에 우리는 죽음도 체감할 수 있는 것이다.

이런 것을 구상하고 만들어낸 사람이 우에노 안나다. 사람들은 그녀를 이렇게 불렀다. 천재라고. 그리고 앞서 말했듯이 TAM에는 이런 방이 다섯 개나 있다. 우리는 오랜만에 각 방을 차례대로 둘러봤다. '우와!', '대단한데!!' 방 안에는 환호성이 울려 퍼졌다. 즐거운 듯이 웃는 커플도 있었다. 그 모습을 바라보는 안나가 슬며시 미소 짓는 듯했다.

그런데 곧바로 표정이 굳어진 그녀가 말했다.

"요즘 들어 정말 모르겠어요. 이렇게나 사람들이 즐거워하는데, 왜 사업성이 없는 걸까요? 왜 수익이 안 나는 거죠?"

"……그러게요."

"줄곧 그걸로 됐다고 생각했어요. 사람들이 재밌어하면 언젠가는 반드시 수익도 날 거라고 믿었고요."

이럴 때 센스 있는 사람이라면 뭐라고 했을까? 천재를 지지할 수 있는 우수한 수재라면 뭐라고 말을 걸었을까?

나는 아무 말이나 내뱉었다.

안나는 제지하며 말했다.

"위로하지 않아도 돼요."

그리고 정색한 채 천장을 올려다보며 중얼거렸다.

"싫증이 난 걸지도 몰라. 이 뮤지엄에도 나 자신한테도."

인류의 가장 큰 적은 '싫증'

"싫증이라."

자초지종을 설명하자 젠은 그렇게 중얼거렸다. 조금 난처한 표정을 짓는 것 같았다.

"진짜 젤 골치 아픈 문제야. 싫증이란 건 정말 어려운 문제거든."

"그, 그래요?"

"응. 결론만 말하면 인류의 가장 큰 적이 바로 싫증이야."

"인류의 적이 싫증이라고요?"

"그래. 일단 조직이 진화하는 데 가장 중요한 건 싫증이야. 싫증은 허점에 대한 인간의 방향성이거든."

허점에 대한 방향성이 싫증이라고?

무슨 말인지 도통 모르겠다.

"조직이나 세상에는 반드시 싫증 난 사람이 있어. 낡은 방식에 질려버린 거야. 그리고 새로운 것을 만드는 사람한테 싫증이란 건 엄청난 고통이야. 살아 있다는 느낌이 안 들고, 죽은 것처럼 느껴질 정도로 고통스러운 거거든."

"싫증이 고통이라고요?"

"그렇다니까. 특히 천재한테는 그래. 누군가가 만들어놓은 레일 위를 달리기만 하는 건 재미가 없어. 그래서 천재는 새로운 레일을 만드는 사람이야. 그 과정은 장대한 싫증과의 싸움이지."

"누군가가 만들어놓은 레일 위로만 달리고 싶지 않다⋯⋯ 그렇구나."

"알기 쉬운 예를 들자면 여기에 여덟 살짜리 천재 소년이 있다고 치자."

"천재 소년이요?"

"응. 여덟 살에 대학원 수준의 수학을 이해하고 있는 아이지. 그런데 그 아이를 초등학교 수학 수업에 보내보자고. 그러면 틀림없이 지루해할 거야."

"음, 그건 그렇겠네요."

"그럼 그 아이가 어떤 행동을 할 거 같아?"

"지루하니까 자거나⋯⋯딴짓을 하겠죠."

"맞아. 실제로 대부분이 교과서에 그려진 도형을 색칠하거나 선생님 얼굴을 그리거나 이상한 표정을 짓거나 딴짓을 했어. 예를 들면 스스로 문제를 만들거나 선생님의 실수를 지적하는 거지. 선생님보다 아는 게 더 많으니까 말이야. 상상이 되지 않아?"

나는 머릿속으로 떠올려봤다. 확실히 영화에서도 수업 시간에 천재 아이가 선생님의 실수를 지적해서 혼나는 장면이 꽤 나온 적이 있다.

"……네, 상상이 가네요."

"그래그래. 그런데 사실 이거야말로 이노베이션이 만들어지는 순간 그 자체라고. 즉 혁신적인 이노베이션은 조직에 싫증을 느낀 천재가 세상의 허점을 지적하면서 생겨나는 거야."

혁신적인 이노베이션은 천재의 '싫증에 가까운 감정'에서 생겨난다.

"천재한테 낡은 방식이나 비효율적인 사회는 너무 싫증 나서 위험한 존재거든. 그러니까 천재는 욕을 먹는 거야. '선생님 그거 틀렸는데요!'라고 말하니까. 이건 나랑 똑같네. 그런데 이 순간이야말로 이노베이션이 일어나는 때라니까. 와하하하."

겐은 그렇게 말하면서 웃어댔다.

이해가 잘 안 가는 대목에서 웃는 강아지다……. 그는 계속 말했다.

"있잖아, 어른들은 지겨운 일에 대한 여러 가지 해소법을 가지고 있어. 유흥, 취미, 돈, 연애 같은 거 말이야. 근데 천재가 원하는 건 그런 게 아니야. 지금까지 살아온 세상에 싫증을 느끼지만 그들 눈에는 개선 가능한 문제점밖에 안 보여. 그러니까 지적하고 새로운 걸 만들어내는 거야. 그들은 권태를 없애주고 마음에 활활 불을 지르는 허점을 원하거든."

"마음에 활활 불을 지르는 허점이라고요……?"

"그런데 대부분 어느 조직이든 선생님이 있고, 그 선생님은 천재를 죽이지. 여기서 선생님이란 건 하나의 예일 뿐이야."

선생님……

수재의 한 종류. 잘되라는 마음으로 천재를 지도하지만 천재에게는
호기심을 없애는 존재다.

"선생님이요……? 그래도 선생님은 잘되라는 마음으로 이야기하는 거니까 기본적으로는 좋은 사람 아닌가요?"

"그래 맞아. 범인이나 수재한테는 좋은 사람이지. 근데 천재한테는 비효율적인 존재인 경우가 많아. 물론 선생님도 악의가 있어서 그러는 게 아니니까 골치가 아프지. 즉 이런 거야."

이노베이션이란 천재와 싫증이 공존하는 조직에서 일어

난다. 또한 선생님이라는 수재를 담임에서 제외하는 것이 중
요하다.

"아하……."

"근데 더 중요한 건 싫증에는 시간 차가 있다는 거야."

"싫증에는 시간 차가 있다고요?"

"그래. 우에노 안나의 고민을 다시 생각해봐. 그 고민의 진
짜 문제는 '세상 사람들이 싫증을 내고 있다'는 게 아닐까?"

"……???"

천재는 이미 싫증 나 있다

나는 겐이 무슨 말을 하는 건지 점점 알 수가 없었다. 조직에
서 '천재와 싫증'이 이노베이션을 일으키는 데 중요하다면 그
녀가 싫증을 내는 건 좋은 일이 아닌가?

"잘 들어봐. 애초에 싫증이 난다는 건 두 가지 뜻이 있어. 하
나는 세상 사람들이 싫증을 내는 건데 이건 상상하기 쉬울 거
야. 바로 오셀로가 흰색에서 검은색으로 바뀌는 순간이지. 예
전에는 스타였던 연예인이 사라져가는 그런 느낌이야."

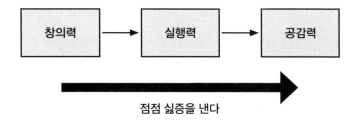

< 그림 11 > 싫증의 메커니즘

"아, 뭔지 알겠어요."

"그리고 또 하나는 자기 자신이 싫증을 내는 거지. 근데 가장 중요한 건 세상 사람들이 싫증을 내기 훨씬 전부터 천재는 이미 싫증을 내고 있다는 사실을 알아야 한다는 거야."

"천재는 이미 싫증이 났다고요?"

"응. 애초에 아이디어든 사업이든 모든 것은 세 가지 흐름으로 세상에 퍼져나가거든< 그림 11 >. 알기 쉽게 설명하면 누군가가 새롭게 만든 것은 공장이나 시스템에 의해 대량생산되고 마지막에는 우리 생활의 일부가 돼. 이런 프로세스거든. 예를 들면 아이폰도 처음에는 프로토타입(prototype, 시제품)이 나오고, 확대 생산되었다가 그 후 우리 생활의 일부로 퍼져나갔잖아. 아이디어나 유행어도 마찬가지야. 누군가가 생각해 낸 독창적인 아이디어가 책이나 동영상 등 실행력이 높은 수단을 통해서 여러 번 재생산되고 결국에는 일상생활에서도 반복적으로 사용하게 되잖아."

"반복적으로 사용하고, 퍼져나간다……."

"그리고 일반 사람들이 대량으로 그것을 다 소비해버리는 순간에 사람들은 싫증이 나. 이때 이노베이션은 두 가지 선택의 갈림길에 놓이게 돼. 소멸이냐 코모디티^{commodity, 생활필수품 -옮긴이}냐."

"싫증이 난 것은 소멸하거나 코모디티화한다……."

"그래그래. 구체적으로 말하자면 참신함만으로 승부를 걸었던 것은 완전히 싫증이 나서 없어져. 그 반면에 실용성도 있는 것은 코모디티로 우리 생활 속에 계속 남아 있어. 그러니까 브랜드를 중시하는 기업은 이 '반복해서 써서 낡아버린 단계'를 극단적으로 싫어해."

모두가 루이비통을 들고 다니기 시작하면 브랜드 가치가 떨어진다는 뜻인가?

"그런데 이건 아직 '소비하는 측'에서 바라본 싫증의 메커니즘이야. 더 중요한 건 '만드는 측'에서 바라본 싫증이지. 좀 더 알기 쉽게 말하면 세상 사람들이 싫증을 내기 훨씬 이전에 천재는 이미 싫증을 낸다는 거야. 너네 회사 사장도 그랬다며? 싫증이 난 걸지도 모른다고."

"네, 맞아요."

"그렇다면 진짜 싫증이 난 건 우에노 안나, 그녀 자신이야. 그리고 그 사실을 아직 그녀는 깨닫지 못하고 있어."

그녀는 자신이 싫증이 났다는 걸 깨닫지 못하고 있다?

"무슨 말인지 모르겠는데요."

"잘 들어. 싫증에는 사실 두 종류가 있어. 좋은 싫증과 나쁜 싫증이지. 좋은 싫증이란 스스로 깨닫고 있는 거야."

"스스로 깨닫고 있다면 좋은 싫증이라고요?"

"응. 조금 전에 말한 여덟 살짜리 천재 소년을 생각해봐. 그 아이는 분명 '수업이 재미없다', '지루하다'고 마음속으로 생각했겠지? 즉 싫증이 뭔지 알고 있어. 근데 이 세상에는 '깨닫지 못하는 싫증'도 있어. 이게 천재한테는 귀찮은 일이야."

"싫증을 깨닫지 못한다니⋯⋯그럴 수도 있을까요?"

"있어. 그것도 아주 많이. 사실은 싫증이 나도 잘 모르는 경우가 많아. 다른 일을 하면서 얼렁뚱땅 넘겨버리거든. 사실은 지금 하는 일에 싫증이 나지만 다른 취미 같은 걸 하면서 대충 덮어버리는 거야."

"이런 예가 이해하기 쉽겠네."

"확실히 그건 저도 그럴지 모르겠네요."

"아마 그럴 거야."

"하지만 그게 나쁜 건가요? 자기 나름대로 고민해서 인생을 즐겁게 살고 있다고 해석할 수도 있잖아요?"

"옳지, 옳지! 이제 좀 말귀를 알아먹네!"

"네?"

"맞아. 네가 말한 대로야. 사람은 원래 싫증을 잘 내. 그러니까 다른 일로 대체하는 거야. 그건 결코 나쁜 일이 아니지. 좋은 면도 있으니까. 그래서 부정하면 안 돼. 다만 천재는 다르다는 거야."

"천재는 다르다고요?"

"천재는 싫증을 느끼면 도저히 살 수 없거든. 바꿔 말하면 싫증 난 순간에 천재는 천재가 아니라, 범인으로 전락한다는 말이야."

"네?"

"그래. 애초에 천재가 싫증이 난 이유는 간단해. '자기 나름의 승리 패턴'을 완전히 확립해버렸기 때문이야. 처음에는 아주 새로운 방법이라 생각했던 수단도, 여러 번 반복하다 보면 패턴이 보이거든. 그리고 천재가 범인에게 사랑받고 싶다, 많은 사람에게 사랑받고 싶다는 마음을 따르는 순간, 천재는 실행력으로 승부해. 마음속에 품고 있던 어리광을 부리는 거야. 이때 천재는 천재가 아니라 평범한 사람으로 전락하는 거고."

"그럴 리가…… 그럼 우에노 안나가 지금 범인이 되려고 한다. 뭐, 이런 말씀인가요?"

"맞아."

"안 돼요, 그건……그것만은 막아야 해요!!"

"아이고 깜짝이야! 왜 갑자기 열을 올리고 그래?"

"그렇게 놀라운 재능, 흔치 않은 재능. 그게 사라지면…… 절대 안 되니까요!"

"잠깐만. 너, 지금 진심으로 하는 말이야?"

"진심이요?? 물론이죠!"

"그렇다면 너는 꽤나 잔혹한 말을 하고 있는 거야."

"잔혹한 말이요? 제가요?"

"천재가 수재나 범인으로 살아가는 게 어쩌면 그녀한테는 행복한 일일 수도 있거든."

"수, 수재나 범인으로 살아가는 게 행복이라고요? 그럴 리가 없잖아요?"

"아니, 넌 정말 몰라도 너무 모르는 거 아냐? 혹시 진짜 바보 아냐? 천재로 사는 것도 나름의 고통이 있어. 범인은 도저히 이해할 수 없는 고통이야. 새로운 일을 만들어내야 스스로 만족할 수 있다는 거. 그건 결코 행복한 일이 아니야. 오히려 괴로운 일이 많아."

"그럴 리가……절대 그럴 리 없어요!"

"아이고, 됐다 됐어. 언젠가는 결국 알게 될 테니까. '천재의 어둠', 그 헤아릴 수 없는 어두운 면의 깊이를 직접 볼 날이 올 거야."

천재의 어둠……?

○　　○　　○

그날부터 답답한 날들이 계속됐다. 우에노 안나에 대한 마음, 그건 진짜다.

그런데 그녀가 천재로 살아가는 걸 그만두고 싶어 한다고?

이번만큼은 겐의 말을 믿을 수 없다. 그래서 나는 지금 할 수 있는 일에 집중하기로 했다. 우에노 안나를 위해서 할 수 있는 일을 말이다. 우선 내가 할 수 있는 일은 사내 직원들에게 좀 더 TAM을 알리는 것이라고 생각했다. 평범한 사람의 공감력을 잘만 공략한다면 사장을 교체해야 한다는 여론도 분명 하나씩 뒤집을 수 있다. 그래서 직원들이 TAM을 체험할 수 있게 사내 투어를 제안하기로 했다. 오늘은 그 사내 예산 회의를 하는 날이다. 그런데 분위기가 심상치 않았다.

"사내 투어?? 뭡니까, 이건?"

총무부장 우에야마의 표정이 험악해졌다. 나는 대답했다.

"우리 직원들이 TAM을 견학할 수 있도록 행사를 기획해봤습니다."

"목적은요?"

"직원들이 고객들보다 먼저 TAM의 장점을 체감하는 거죠."

"왜? 그런 걸 꼭 해야 하죠?"

설명을 계속하려고 하자 재빨리 질문이 날아온다.

"아, 네. 필요하다고 생각합니다. 그곳에 가면 분명 가치를 느낄 수 있을 테니까요."

"아니, 그게 아니라 지금 단도직입적으로 왜 TAM에 직원들을 데리고 가야 하는지를 묻는 거잖아요. 아오노 씨 대답은 납득이 안 됩니다."

음…… 내 입으로 말하기는 뭣하지만 나는 설명하는 데 서툴다. 특히 이렇게 숨 돌릴 틈도 없이 이유를 캐물으면 갑자기 말문이 막힌다.

"그, 그 이유는……어, 그러니까."

"그래, 그러니까 뭡니까?"

짜증이 고스란히 전해진다. 하지만 여기서 물러서면 정말로 내가 이곳에 존재할 이유가 없다. 나는 대답했다.

"직원들이 좀 더 현장을 아는 편이 좋지 않을까…… 싶은데요."

의외로 많은 직원들이 TAM에 가본 적이 없다. 우에야마 부장은 대답을 재촉했다.

"그래서요?"

"그곳에 가보면 분명 그 시설의 가치를 알아볼 거예요. 지난번에 부장님도 가본 적이 없다고 말씀하셨잖아요."

"흐음. 현장을 모른다고요? 근거는 있는 말입니까?"

나는 자료를 꺼내면서 대답했다.

"이, 있습니다. 사내 설문조사에서 TAM에 가본 적이 있는 사람은 40%밖에 안 된다는 결과가 있습니다……그리고 가본 적이 있는 직원들은 모두 좋았다고 답했습니다."

"흐음, 아, 그래요? 근데 실제로 갈 필요는 없지 않나요? 방문자 수가 줄고 있고, 수익도 안 난다는 건 인기가 없다는 건데. 아닙니까?"

"뭐, 그건 그렇지만."

"나는 필요 없을 것 같은데. 비용은 얼마나 들죠? 자비로 할 건가요, 아니면 경비로 충당할 생각이에요?"

질문이 연거푸 쏟아졌다.

"가, 가능하면 셔틀버스 같은 걸 대여해서 평일에 갈 수 있으면 좋을 것 같은데요."

"아아, 그건 안 되겠는데. 돈이 얼마나 들 거라고 예상하는 거죠? 게다가 그날 하루 일을 못 한다고요. 아시겠어요?"

"압니다……그렇지만."

"그렇지만이 아니라, 아오노 씨. 홍보부가 주말에 사람들을 모아서 하는 거라면 괜찮죠. 자비로 말이에요. 그건 마음대로 하라고요."

왜 도와주지 않는 거지? 내가 그렇게나 이상한 말을 하는 걸까? 직원의 60%가 자사의 창업 시절 서비스를 본 적도, 경험한 적도 없다는 건 아무리 생각해도 말이 안 된다. 하지만 무슨 말을 해도 그에게는 통하지 않을 것 같다.

나는 말했다.

"네⋯⋯알겠습니다. 일단 한번 해보겠습니다. 아, 그리고 또 한 가지 드릴 말씀이 있는데요."

"아니, 이제 됐어요. 시간도 없고. 그럼 다음 안건으로 넘어갑시다."

나는 내 손을 바라보았다. 어제 열심히 준비한 자료⋯⋯. 나는 주먹을 불끈 쥐었다.

나에게 주어진 카드로 싸워라

"완전 축 처졌네."

겐은 나를 걱정해주었다.

스스로도 어린애 같다고 생각한다.

"⋯⋯사실은 알고 있었어요."

"알고 있었다고?"

"천재의 고독이요. 지난번에 얘기했잖아요. 사실 최근 3년 동안 이런 생각을 여러 번 했어요. 안나 사장님은 진심으로 평범한 사람이 되고 싶은 게 아닐까? 하지만……그래도 저는 믿어요. 안나 사장님은 진짜 천재라고.”

“아이고, 너 정말 괴롭겠다. 천재의 재능을 사랑하는 인간의 숙명이지. 뭐, 그건 그 나름대로 괜찮지 않아? 오늘은 이쯤하고 술이나 마시자고.”

나는 맥주를 땄다. 겐은 고급 쇠고기 육포를 먹고 있다. 나는 오늘 아침에 있었던 회의 이야기를 했다.

“어? 그런 일이 있었는데 그냥 집에 왔어? 총무부장이랑 맞서서 싸워야지.”

“아, 네…….”

“으이구, 한심하긴~! 강아지인 내가 봐도 정말 한심하다 한심해.”

“그런 말 하지 마세요……저도 그렇게 생각하니까요. 아휴…….”

“왜 죽상을 하고 있어! 정신 차리라고 정신!”

“그렇지만…….”

“그렇지만이 아니라고, 이 바보, 천치, 얼간아! 왈왈!!”

"죄, 죄송해요!"

"그건 그렇고 혹시 스누피라고 알아?"

"스, 스누피라면 그 강아지요?"

"맞아. 나랑 엄청 친하거든. 예전에 듀엣을 결성해서 활동했을 정도로 말이야."

스누피랑 충견 하치코가 밴드를……?

두 마리 강아지가 나란히 선 모습을 머릿속으로 상상해봤다. 귀, 귀엽다. 마음이 살짝 훈훈해졌다.

"오, 좋은데요, 그 콤비."

"그렇지! 당시에는 아이돌만큼이나 인기 있었다니까. 작사는 스누피가 했고, 보컬은 나였어. 걔가 쓴 가사가 진짜 좋았어. 그중에서도 가장 좋은 노래는 이거야. 〈왜, 너는 강아지니?〉 이 곡은 찰리 브라운이라는 그의 주인한테 실제로 들은 질문을 바탕으로 만들었어. 너는 왜 강아지냐는 질문에 스누피가 뭐라고 대답했을 것 같아?"

"……글쎄, 왈왈이라고?"

"아냐, 이 바보, 멍청이, 쪼다야! 스누피는 이렇게 대답했어. **'왜 강아지냐고? 어쩔 수 없잖아, 우리는 주어진 카드로 인생을 살아갈 수밖에 없으니까'**라고 말이야."

"주어진 카드로 인생을 살아갈 수밖에 없다……좀 의미심장하네요."

"그런데 재능도 마찬가지야."

"재능도 마찬가지라고요?"

"그래. 주어진 재능으로 인생을 살아갈 수밖에 없잖아. 어떤 카드가 배당될지는 모르지. 근데 '아아, 천재로 다시 태어나고 싶다', '수재로 다시 태어나고 싶다'는 생각을 하는 건 진짜로 시간 낭비야. 중요한 건 자신에게 주어진 카드가 무엇인지를 아는 것, 그리고 그 카드의 사용법을 아는 거거든."

"자신에게 주어진 카드의 사용법을 알아야 한다라……."

"그래. 범인일지도 모르는 너는 이번에 용기를 내서 한 걸음을 내디뎠잖아? 그건 공감력이라는 재능을 발휘하려고 한 거 아니야? 주어진 카드로 싸워본 거지?"

나는 오늘 열린 회의를 떠올려봤다.

원하는 결과를 얻지는 못했지만 그래도 내가 할 수 있는 일은 하려고 했다. 그건 자신 있게 말할 수 있다.

"네. 비록 실패했지만 그래도 카드는 내밀어봤어요."

"잘 들어봐. 사실 많은 사람들이 없는 것을 달라고 생떼를 쓰면서 잠재된 재능을 충분히 발휘하지도 못하고 인생을 마감하거든. 확실히 재능이란 건 잔혹해. 강력한 카드를 받은 녀석도 있고, 쓸모없는 카드를 받은 녀석도 있으니까. 자기 카드가 뭔지 정확히 몰라서 허황된 꿈을 버리지 못하는 사람들이 되게 많아. '나한테는 재능이 있다', '나는 천재일지도 모른다' 하면서 말이야. 하지만 그런 말은 암울한 현실을 회피하려는 거에 불과하잖아. 이건 아마 네가 더 잘 알 거야"

"네……. 저는 천재는 될 수가 없어요. 우에노 안나가 될 수 없어요."

"그래. 그러니까 수없이 질 거야. 용기를 내서 주어진 카드로 승부를 해도 지는 경우는 아주 많거든. 근데 중요한 건 자신이 쥐고 있는 카드를 세상 사람들한테 계속해서 내미는 거야. 그러면 한 가지는 확실해지지."

"한 가지는 확실해진다고요?"

"응. 그건 바로 최고의 나를 만날 수 있다는 거야. 이것만큼은 분명히 말할 수 있어. 재능은 갈고닦을 수 있어. 그리고 그러다 보면 지금까지 본 적 없는 나를 만날 수 있지. 이게 재능을 쓴다는 행위의 가장 큰 장점이야."

나는 겐의 말을 되새기며 음미했다. 확실히 그랬다. 나는 중학교 시절 야구를 했다.

　재능은 없었지만 타석에는 계속 섰다. 타석에 서면 설수록 지는 횟수는 늘었다. 당연한 일이었다. 하지만 그때마다 보잘 것없던 내가 조금씩 성장했다. 그건 사실이었다.

　"뭐라 콕 집어서 설명할 순 없지만 알 것 같아요. 하지만 그래도……."

　"응?"

　"저는 이기고 싶어요……공감력이라는 카드로 실행력이라는 카드를. 수재들을 말이에요."

　"오오! 그것참 듣던 중 반가운 소린데! 너, 제법이다!"

　내 말에 겐은 눈을 끔뻑거리며 기쁜 표정을 지었다.

　"다시 한번 말해봐."

　"네?"

　"방금 한 말. 이기고 싶다는 그 말, 다시 한번 해보라고."

　"저는 이기고 싶어요!"

　"캬아!! 좋다 좋아! 그래, 바로 그거야. 너 어째 처음이랑 좀 달라진 것 같다?"

　"가, 감사합니다……."

스테이지1	자신의 재능을 이해하고, 발휘한다
스테이지2	상반된 재능의 역학 관계를 이해하고, 활용한다
스테이지3	무기를 선별하고, 방해되는 사람(것)을 제거한다

← 지금 이 단계를 통과함

〈그림 12〉 재능의 깊은 뜻을 깨닫는 스테이지1

"자, 너는 방금 재능을 발휘하기 위한 스테이지1을 통과했어."

"스테이지1이요?"

"스테이지1은 자신에게 주어진 카드를 이해하고, 두려워하지 않고 써보는 거였거든. 드디어 다음 단계로 넘어갈 수 있겠네. 혹시 그 얘기 들어본 적 있어? 왜 지구가 망하지 않는지 말이야. 그건 바로 세 명의 앰버서더(ambassador)가 있기 때문이야."

"세, 세 명의 앰버서더요……??"

재능이 다른 사람들과 일하는 법

세상을 지탱하는 사람들

"근데 좀 이상하지 않아?"

"이상하다뇨? 뭐가요?"

"음, 만약 이 세상에 세 가지 재능만 있고, 축이 달라서 커뮤니케이션이 잘 안 된다고 치자. 그러면 회사는 어떻게 유지되는 걸까?"

"듣고 보니 그러네요."

"사실 커뮤니케이션의 단절을 막기 위해 활약하는 사람들이 있어. 바로 '앰버서더'라고 불리는 사람들이야."<그림 13, 그림 14>

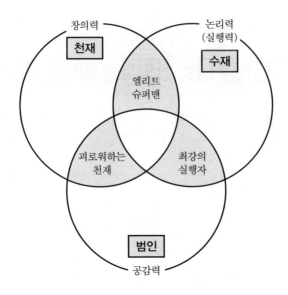

<그림 13> 커뮤니케이션 단절을 막는 '세 명의 앰버서더'

"앰버서더요?"

"응, 이 사람들한테는 두 가지 재능이 동시에 있어. 창의력
과 실행력이 다 좋다든가, 아니면 실행력과 공감력이 뛰어나
든가 하는 식으로 말야. 먼저 엘리트 슈퍼맨(Elite Superman)
은 창의력과 논리력이 정말 좋거든. 근데 공감력이라고는
1도 없어. 쉽게 말하자면 투자은행에 있을 법한 사람이야."

엘리트 슈퍼맨

창의력 있음
실행력 있음
비즈니스를 매우 좋아함

최강의 실행자

회사의 에이스
어디서든 엄청나게 활약하지만,
혁신을 만들지는 못함

괴로워하는 천재

천재와 범인을 중재함
구조적으로 파악하는 것을 못함

〈그림 14〉 세 앰버서더의 스펙

도무지 빈틈이라고는 찾아볼 수 없는 깐깐한 사람을 말하는 건가? 나는 잠자코 겐의 이야기를 들었다.

"그다음은 최강의 실행자인데, 뭘 해도 잘하는 요령이 아주 좋은 사람이야. 이 사람은 논리를 그냥 강요만 하는 게 아니라 타인의 마음도 잘 헤아려. 그래서 사람들의 마음을 움직이기 때문에 회사에서도 에이스로 활약해. 인기도 제일 많아."

후배나 주변 사람들 사이에서 평판 좋고, 사람의 마음을 움직이는 리더. 그런 느낌이려나?

"마지막으로 괴로워하는 천재가 있는데 단판 승부 기질의 크리에이터라고 생각하면 돼. 이 사람들은 창의력도 뛰어나고 공감력도 있어서 범인의 마음도 잘 알고 친절하거든. 감각도 대중적이라서 엄청난 히트작을 낼 수도 있지. 다만 실행력이 없어서 기복이 심해. 그래서 창조적인 욕망을 제대로 해소하지 못하면 중독에 빠지기가 쉬워. 자학하다가 자살하는 사례까지 있어."

감수성이 풍부한 예술가 같은 사람이려나?

"조직이 무너지지 않는 까닭은 이 세 명의 앰버서더가 있기 때문이야. 좋은 조직은 서로의 재능을 짓밟는 게 아니라 서로를 지지해주면서 발전해가거든. 조용하지만 활발하게 움직이는 건 이 세 사람이야."

엘리트 슈퍼맨:

천재와 수재의 중재자. 창의력도 있고, 실행력도 있다. 즉 창조적이고
논리에도 강하다. 대기업 초대(初代) 사장을 떠올리면 이해하기 쉽다.

그들은 무엇보다 비즈니스를 가장 좋아하며, 언제나 연구자이자 도전자이기도 하다. 한편 부하 직원들이 그들의 속도나 생각에 따라가지 못할 때도 있다. 그래서 외부에서 보면 대단해 보이지만 막상 그들과 함께 일하게 되면 힘든 일도 많다.

최강의 실행자:

수재와 범인의 중재자. 실행력과 공감력을 무기로 갖추고 있다. 즉 논리도 강하고, 사람의 마음도 잘 헤아린다. 바로 어느 회사에나 있는 에이스. 학창 시절부터 늘 조직의 중심에 있고, 취업 활동도 요령 있게 준비해서 가고 싶은 회사에 입사한다. 영업과 개발, 정사원과 임시직, 본사와 현장 등을 이어준다. 프로젝트 매니저로서도 대활약한다. 단 새로운 일을 시키면 기존의 서비스를 살짝 손볼 뿐 혁신적인 것은 만들어내지 못하는 게 약점이다.

괴로워하는 천재:

천재와 범인의 중재자. 창의력과 공감력이 무기다. 창조적일 뿐 아니라 그것이 전 세계 사람들의 마음을 움직이는지, 인사이트(잠재적인 욕구)에 이르는지 아닌지까지 직감적으로 안다. 자기다움을 표현하면서 마케팅도 생각할 수 있으므로 신제품이나 사업 등의 책임자를 맡으면 압도적인 속도로 서비스를 확대할 수 있다. 단 구조적으로 파악하는 데 약하기 때문에 타 부서와 협업하거나 업무를 조정하는 일, 조직을 확대하는 일, 부하 직원에게 권한을 넘기는 일은 잘 못하는 경우가 많다.

"세 명의 앰버서더라……."

"잘 들어. 지금 네가 해야 할 건 파트너를 찾는 거야. 만약 조직 안에서 커뮤니케이션이 잘 안 된다면 양쪽을 이어줄 수 있는 인물을 찾아야 해. 네 경우라면 수재와 범인 사이를 중재해주는 인물이지."

"수재 타입과 범인 타입을 이어줄 사람 말인가요?"

"맞아. 즉 두 사람을 중재해줄 최강의 실행자를 찾아야 해. 타인의 의견도 잘 받아들이면서 자신의 주장도 확실하게 말할 수 있는 인물. 혹시 짐작 가는 사람 없어?"

나는 회사 사람들을 떠올려봤다.

딱 한 사람, 짚이는 인물이 있다.

(회상 신)

　　나와 요코타 사이를 중재하는 후배의 말을 가로막고

요코타가 말한다.

"근데 말이야, 진짜. 백번 양보해서 사장의 시대가 아직 끝난 게 아니라고 치자. 그럼 그걸 그럴듯하게 보여주는 게 네 일 아니야?"

"뭐? 그게 무슨 말이야?"

"홍보의 목적이 그런 거잖아."

"……뭐, 그렇긴 하지만……."

"그러면 네가 무능력한 거지."

동기인 요코타는 확실히 우에노 안나에 대해서 회의적이다. 그렇지만 상대의 이야기를 잘 들어주고, 말재주도 좋다. 그러니까 우에야마 부장과 나를 중재해줄 수 있는 건 그일지도 모른다.

"근데 질문이 하나 있는데요, 만약에 최강의 실행자를 찾았다 해도 어떻게 해야 그 사람한테 도움을 얻을 수 있죠? 애초에 범인 타입은 논리력이 약하니까 그 사람을 설득할 수가 없잖아요."

"좋은 질문이야. 범인이 최강의 실행자를 끌어들이는 방법이 있지. 그건 바로 결정적 질문을 하는 거야. '당신이라면 어떻게 할 건가?'라고 물어보면 돼."

"결정적 질문이요……??"

최강의 실행자를 끌어들이는 방법

"원래 수재 타입, 즉 실행력을 중시하는 사람은 자기 나름대
로 최고의 방법이나 규칙을 갖고 있어. 일의 진행 방식을 연
구해서 자기만의 언어로 만들어놓은 거야. 다만 이 방식을 남
한테 알려줄지 말지는 사람마다 달라. 다른 사람한테 공부를
가르쳐주는 수재가 있는가 하면 자기밖에 모르는 수재도 있
잖아. 학교에서도 그렇잖아?"

"아, 뭔지 알 것 같아요."

"그리고 이건 그 수재한테 공감력이 있는지 없는지에 따라
달라져. 만약 다른 사람들의 감정을 이해할 줄 아는 사람이라
면 누군가한테 뭘 가르쳐주는 걸 마다하지 않아. 못하는 사람
의 기분도 아니까. 그래서 인기가 제일 많은 거야."

"확실히 그냥 공붓벌레보다는 남한테 잘 가르쳐주는 수재
가 사람들한테 제일 사랑받는 것 같아요. 학교에도, 회사에도

이런 사람 한 명은 꼭 있어요."

"그 수재들한테 도움을 구할 때 좋은 질문이 있어. 그건 바로 '당신이라면 어떻게 할 건가요?'야. 이렇게 물어보고 만약 방법을 알려주면 우직하게 실천해봐. 이것조차 못하는 범인이 정말로 많지만 말이야."

'당신이라면 어떻게 할 건가요?'

왜 이 질문이 도움이 된다는 걸까? 아직은 감이 안 온다.

"만약 네가 이 질문법을 모르는 상태에서 요코타한테 부탁을 한다면 뭐라고 할 것 같아?"

나는 머릿속으로 상상해봤다.

"저라면 분명 이렇게 말할 것 같아요. 사장님을 도우려면 회사 직원들을 TAM에 더 많이 데려가야겠어. 그러니까 네가 좀 도와주면 좋겠어."

"단도직입적으로 부탁한다는 거잖아. 뭐, 너답긴 하네."

"아, 그런가요?"

"근데 그렇게 하면 절대로 안 도와줄 거야. 그 사람한테 '왜?', '왜 우에노 안나를 돕고 싶은 거야?'라는 말이나 듣고 끝날걸. 늘 그랬던 것처럼 회의에서 추궁이나 당하고 끝날 거라고."

"으휴……맞아요. 이유가 뭐냐고 따지고 나서는 이야기가 끝나버릴 거예요."

"그럴 때 써야 하는 말이 바로 '당신이라면 어떻게 할 건가요?', '가르쳐주세요'란 말이야."

"왜요?"

"이 문장은 주어가 다르잖아. 사람은 저마다 자신만의 독특한 주어를 쓰거든. 더 정확히 말하면 천재, 수재, 범인의 주어가 달라."

"천재랑 수재랑 범인의 주어가 다르다고요?"

다른 주어를 가진 사람들

"천재, 수재, 범인, 이 세 사람의 커뮤니케이션은 '축'이 다르기 때문에 영원히 가까이할 수 없어. 이 얘기는 예전에도 했지?"

"네."

"근본적인 이유는 바로 주어가 다르기 때문이야."

"그 말은 즉……."

"사람마다 자주 쓰는 주어가 있거든. 자기 위주로 생각하는 사람은 '나는 이렇게 생각한다', '나는 이렇게 하고 싶다', '나는 당신이 싫다' 이런 말을 자주 써. 그거랑 반대로 남의 눈만 신경 쓰는 사람도 있어. 그런 사람은 사고의 중심이 타인한테가 있어. '그 사람은 나를 싫어해', '그 사람이 나를 어떻게 생각할까?' 하는 식이지."

나는 의식한 적이 없었다. 하지만 확실히 입버릇처럼 늘 '내가 생각해봤는데', '개인적으로는'이라고 말하는 사람이 있다.

"그런데 말이야, 주어의 종류를 크게 나누면 사람, 조직, 세계, 이 세 가지거든. 너는 어느 쪽이야?"

1. 주어를 사람 중심으로 말하는 사람. 범인에 많다.

2. 주어를 조직이나 규칙 등 선악으로 말하는 사람. 수재에 많다.

3. 주어를 세계나 진리 등 초월한 무언가로 말하는 사람. 천재에 많다.

"난 어느 쪽이지…… 아무래도 첫 번째인 것 같아요."

"그래. 넌 확실히 사람이 주어야."

그렇다. 생각해보니 나는 사람을 주어로 많이 쓰는 것 같다.

"즉 너는 바탕이 '범인인 I타입'이야."

"범인인 I타입이요?"

"응. 똑같은 범인이라도 몇 가지 유형으로 나뉘거든."

아무래도 이런 뜻인 듯하다.

> I타입: 주어가 나(I). '내가 어떻게 생각하는가?', '나는 어떻게 하고
> 싶은가?'를 축으로 생각한다.
>
> Y타입: 주어가 상대(You). '저 사람은 어떻게 생각할까?', '어떻게 느
> 낄까?'를 축으로 생각한다.
>
> W타입: 주어가 가족이나 동료(We). '자신이 속한 팀이 어떻게 느낄
> 지, 어떻게 하면 행복할지'를 축으로 생각한다.

"이 세 가지 타입의 공통점은 주어가 모두 사람이라는 거
야. 사람의 마음을 축으로 해서 그것에 공감하느냐 못 하느냐
로 말하지. 그러다 보니 범인끼리도 싸우는 거야."

"범인끼리도 싸운다고요?"

"응. 아무리 잘 맞는다고 해도 때로는 부딪칠 때가 있잖아?
그건 너무나 당연한 거야. 게다가 그중에서도 부딪치기 쉬운
타입의 조합이 있어."

"예를 들어 I타입끼리는 부딪치기 쉽다는 말인가요?"

"맞아. I타입은 상대에 대한 배려가 없기 때문에 개인플레이에 치우치곤 해. 그래서 '나는 이래', '나는 이렇다고'라고 말하면서 일을 해나가지. 반대로 Y타입은 자신보다 남을 배려하다 보니 친절하다는 소리는 듣지만 일은 진척이 안 돼. '어떻게 하고 싶어?', '음, 어떻게 하고 싶을까?' 같은 말만 하거든."

나는 왠지 우유부단한 커플의 대화를 듣고 있는 느낌이 들었다.

"그에 비해 W타입만 모여 있으면 결속력이 강한 종교 조직처럼 되기 쉬워. 이 사람들은 '우리는 하나다'라고 하면서 일하거든. 대충 이런 식이야."

"그렇구나. 그럼 저는 '나는 어떻게 하고 싶은가?'를 생각하는 I타입이라는 거죠?"

"그렇지. 그리고 실제로 I타입은 수재한테 약해. 구체적으로는 논리적인 사고에 약하지. 왜냐고? 수재한테 이 타입은 자기 마음 내키는 일만 말하는 것처럼 보이거든. 게다가 논리도 없고. 딱 너처럼 말이야."

조직의 이익을 우선시하는 수재에게 I타입의 커뮤니케이션 방식은 도무지 이해할 수가 없는 것이다. 그렇다면 이 타입은 조직 생활에 근본적으로 취약한 종족이라는 말인가?

"음…… 하지만 저는 안나 사장님을 진심으로 생각하고 있는데요."

"넌 정말 아무것도 모르는구나! 커뮤니케이션이라는 건 상대가 어떻게 받아들이느냐가 제일 중요해. 수재한테 이 타입의 의견은 이런 식으로 들릴 거야. '그것도 자기가 기분이 좋으니까 하는 거지?', '좋아하니까 하는 거지?', '결국 주어는 전부 나잖아?'라고 말이야."

"그런데 그게 나쁜 건가요? '당신은 어떻게 하고 싶은가요?', '당신은 어떻게 생각하나요?' 식의 어법이 업무에서는 중요하다고 말하잖아요?"

"물론 I타입은 발전 가능성이 있어. 하고 싶은 일이 있기 때문에 Y타입보다 의욕도 넘치고. 하지만 상대에게 전달할 때, 즉 조직에서 일할 때는 주어를 고민하지 않으면 안 돼."

"……저 같은 I타입은 조직에서 일할 때 주어를 고민해야 한다는 말씀이죠?"

"바로 그거지."

천재는 물리로 살아가고, 수재는 법률로 살아간다

"혹시 이런 명언 들어본 적 있어?"

겐은 우쭐한 얼굴로 계속해서 이야기했다.

"천재는 물리의 세계에서 살고, 수재는 법률의 세계에서 산다."

"아뇨, 처음 듣는데요."

"정말 안 되겠네. 이건 재능론에 대한 유명한 명언이잖아?"

"죄송해요, 몰랐어요. 근데 누가 한 말이에요?"

"그건 바로 나야 나!"

"네?"

"나라고. 좀 전에 생각한 말이야."

나는 한숨을 내쉬었다.

"……하려던 말씀 계속하시죠."

"재미있는 건 말이야, 천재는 대체로 물리의 세계랑 관련이 많다는 거야. 정확히 말하면 자연의 세계지. 우주라고 하면 알기 쉽겠네. 일론 머스크, 아인슈타인, 스티븐 호킹 등등. 다들 우주랑 직간접적으로 관계가 많잖아."

"정말 그러네요…… 그러고 보니 안나 사장님도 우주에 대해 이야기한 적이 있어요."

"잘 들어, 사실 이건 필연이야. 천재의 호기심을 충족시켜 주는 최적의 환경이 바로 자연이거든. 정보의 총량도 압도적으로 많아. 신기한 일도 천지고 변수도 많지. 천재한테 활력을 불어넣는 게 뭐야? 호기심과 탐구심이잖아. 그게 어디에서 가장 꿈틀대겠어? 바로 자연이야. 변수도 많고, 미스터리한 일도 많으니까 천재한텐 최고의 장소지."

"자연계가 천재의 호기심을 자극한다는 건가요……?"

"응! 그래서 천재는 물리의 세계에서 살아간다는 거야."

천재는 물리의 세계에서 살아간다……. 그럴지도 모른다. 하지만 의문이 생겼다.

"그런데 세상에는 애덤 스미스나 피터 드러커 같은 천재도 있잖아요? 마쓰시타 고노스케도 그렇고, 뭐랄까 철학자 같다고 할까요?"

"오, 아주 좋은 질문이야! 왜냐하면 그건 천재에 두 가지 유형이 있어서 그래. 나는 이걸 X차원에서 살아가는 천재와 Y차원에서 살아가는 천재라고 불러."

"X차원과 Y차원이요?"

X타입: 세계는 무엇으로 이루어져 있는지, 무엇이 실재하는지에 관심이 있다. 존재에 흥미를 느낀다.

Y타입: 사람들이 세계를 어떻게 인지하는지에 관심이 있다. 무엇이 세상의 인식을 최대한 바꿀 수 있는지, 인식론에 흥미를 느낀다.

"존재(X)와 인식(Y)이라고요?"

"그래. 알기 쉽게 말하면 과학자 유형이 X타입, 개발자 유형이 Y타입이야. 세상을 유익하게 만들고 싶다고 진심으로 생각하는 경영자는 후자의 경향을 띠지. 이게 천재의 두 가지 유형이야."

"그럼 수재가 법률의 세계에서 살아간다는 말은 무슨 뜻이에요?"

"바로 그게 수재의 주어야. 그 수단이 법률이고."

"즉 수재는 법률을 주어로 한다는 건가요?"

"그렇지! 잘 들어봐. 수재한테도 범인이나 천재처럼 주어별로 타입이 있어. 구체적으로는 이래."

K타입: 주어가 지식(knowledge). 자신이 아는 것, 경험한 것, 자명

해진 것을 중심으로 말한다.

R타입: 주어가 선악(right or wrong). 조직의 이익이나 문명화된 규칙 등을 선악에 따라 이야기한다.

"지식(K)과 선악(R)이 축이라고요……?"

"혹시 주변에 이런 사람 없어? 자신이 해봐서 잘 안다면서 자기 의견을 끈질기게 강요하는 사람. 다른 가능성도 있을 텐데 거기에 대해서는 생각조차 안 하는 사람."

"……그러고 보니 있어요. 뭐랄까 잘못된 건 아닌데, 다른 사람의 방식을 인정하지 않는 리더요."

"맞아. 그런 사람이 지식을 축으로 한 수재 타입이야. 그렇게 나쁜 유형도 있지만 좋은 유형도 있어. 그리고 또 하나는 주어가 선악(R) 타입인 사람이야. 이 타입은 늘 회사의 이익, 조직의 이익 등 선악을 중심으로 이야기하는 인물이야. '내규가 이렇다', '교칙은 이렇게 되어 있다', '회사의 이익을 생각하면 이렇게 해야 한다'고 말하지. 범인과 다른 점은 좋은지 싫은지가 아니라 옳은지 그른지를 축으로 생각한다는 거야."

"옳은지 그른지로요?"

"응. 범인의 말은 결과적으로 기분이 좋은지 나쁜지가 중요

	타입	주어
범인	I	나
	Y(You)	상대
	W(We)	가족이나 친구, 동료
수재	K(Knowledge)	지식
	R(Right or Wrong)	선악
천재	X(존재)	세계는 무엇으로 이루어져 있는가
	Y(인식)	사람들은 세상을 어떻게 인식하는가

< 그림 15 > 범인 · 수재 · 천재의 일곱 가지 타입

해. 주어는 사람인 거지. 좋은지 싫은지, 안심할 수 있는지 없는지, 즉 '동물로서의 인간'에게 흥미를 느낀다고 할 수 있어."

"아, 그래요?"

"하지만 수재는 달라. 이 사람들은 엄격한 규칙이나 경쟁 속에서 살아왔거든. 그래서 호불호에 더해 옳고 그름을 축으로 생각하는 경향이 강해. 순위 매기기를 아주 좋아하는 사람이 그렇지. 물론 사람이니까 좋아하거나 싫어할 수도 있어. 하지만 일터에서는 완전히 사회적인 동물로서 판단해. 이건 한마디로 말하면 선악이야."

"바로 규칙의 세계에서 살아간다는 거군요."

"맞아. 그러니까 수재는 이익이라는 절대선을 믿고 의사 결정을 하는 거야."

"딱 엘리트네요?"

"그렇지! 수재가 법률의 세계에서 살아간다는 말은 곧 수재가 믿는 건 지식과 사회가 결정한 선악. 이 두 가지라는 거야."

"그것참 재밌네요!"

속마음이 무심결에 튀어나왔다.

최강의 실행자를 끌어들이는 질문법

"그런데 왜 결국 '당신이라면 어떻게 할 건가요?'가 결정적 질문인 거예요?"

나는 이야기를 원점으로 되돌렸다.

"이 질문이 바로 주어를 바꾸기 위한 거니까. 범인이 수재를 설득하지 못하는 이유 중 하나는 '주어 차이' 때문이야. 수재는 조직이나 사회 전체를 바라보거든. 그러니까 수재에게 범인의 발언은 사실 단순한 감정이나 의견으로밖에 안 들려. 그래서 마음속으로는 얕보기도 하지."

"그러고 보니……바로 지금 회사에서 제가 그런 것 같아요."

"그렇다면 해결 방법은 하나야. 주어를 바꾸는 거지. 그게 바로 '당신이라면 어떻게 할 건가요?'라고 질문하는 거야. 그 다음에 네 생각을 전달하면 돼. 최강의 실행자는 공감력도 있으니까 분명히 너를 도와줄 거야."

"아하!"

"그리고 범인이 수재한테 도움받을 수 있는 방법이 또 하나 있어. 그건 상대의 말을 되도록 많이 활용하는 거야."

"상대의 말을 많이 활용하는 거라고요?"

"응. 수재한테는 실행력이 가장 중요하기 때문에 자신이 과거에 한 발언도 잘 기억할 뿐 아니라, 바꾸려고 하지도 않아. 그러니까 목적이나 배경을 설명할 때는 상대가 했던 말을 그대로 써봐. 도움이 필요할 때 진짜 유용할 거야"

"음, 대충 알 것 같아요……."

"예를 들면 상대가 회사 상사라고 하자. 이건 실제 사례인데, **어느 날 규모보다 이익을 취하라고 했다는 거야. 그런데 실제로 현장 구성원으로서는 규모도 중시해야 할 때가 있잖아.**

그래서 일단 이렇게 말했다는 거야. '○○ 님은 규모보다 이익을 취하라고 하셨죠? 그런데 그건 예외가 있기도 한가요?' 라고 말이야."

"즉 상대의 발언에서부터 이야기를 시작한다는 거죠?"

"그렇지. 그게 포인트야. 실행력의 세계에서 살아가는 수재 타입은 새로운 것보다 이미 세상에서 인정한 것을 더 믿거든. 이게 중요해."

나는 아주 열심히 메모했다. 그러는 와중에 문득 의문이 떠올랐다.

"그런데 천재한테도 이 방법이 쓸모가 있을까요?"

"쓸모가 있고말고. '당신이라면 어떻게 할 건가요?'라는 질문은 천재랑 이야기할 때에도 유효하다고. 다만 한 가지 주의할 게 있어."

"그게 뭔데요?"

"그건 바로 질문 방식이야. 매력적인 질문을 준비해야 돼. 그러니까 천재의 호기심을 자극하는 질문이어야 해. 그래야 비로소 '당신이라면 어떻게 할 건가요?'라는 질문이 가치 있게 되거든. 이 점을 꼭 기억해둬."

너라면 어떻게 할래?

나는 오랜만에 요코타에게 점심을 먹자고 했다.

"뭐야, 갑자기."

그렇게 말하면서도 요코타는 내심 기분 좋아 보였다. 동기와 나누는 오랜만의 대화는 화기애애했다.

"요코타, 혹시 TAM에 가본 적 있어?"

"아아, 물론 있지."

"어땠어?"

"좋았어. 우리 기술의 근간을 알 수 있었거든. 그리고 무엇보다 재밌었어."

예상대로 요코타는 생각이 유연한 타입이다. 나는 이야기를 이어나갔다.

"맞아. 가보면 기술의 근간을 알 수 있지."

"그거야 그렇지. 근데 뭐야 갑자기? 또 사장님이랑 관련된 얘기야?"

"아니, 너라면 어떻게 생각하는지 조언을 듣고 싶어서 부른 거야."

"조언?"

"사실 TAM에 우리 회사 직원들을 데리고 갈 수 있는 방법을 생각하고 있거든."

"하아, 왜 또?"

"네가 방금 말한 것처럼 우리 기술의 근간이 어디에 있는지를 알리고 싶어서. 회사 직원이나 관계자가 아닌 사람들한테 알리는 것도 중요하지만 먼저 직원들한테 알릴 필요가 있는 거 같거든."

"오오, 그래? 왜?"

"이걸 좀 봐줘. TAM에 가본 사람이 전체 직원 중 40%밖에 안 돼. 우리 기술의 근간을 알 수 있는데 말이야.

"그래서 나한테 뭘 물어보고 싶은 거야?"

"그게 너라면 어떻게 할지 좀 가르쳐줬으면 해서. 너도 알겠지만 나는 설명을 잘 못하잖아? 그렇지만 어떻게 해서든지 사장님을 도와주고 싶거든."

"그래그래, 알겠어."

"휴, 한숨 돌렸네."

"그래서 문제가 뭔데?"

"총무부를 설득하기가 좀 힘들어."

"총무부?"

"회사에서는 경비를 줄이려고만 하잖아. 그래서 할 필요가 없다는 거야."

"아 그래. 네 말도 일리가 있다. 직원들이 자기 회사 시설에 가본 적이 없다는 건 진짜 문제다. 근데 그거 말고도 해야 할 일이 많으니까 우선순위에서 밀리는 거잖아."

"……그러니까. 요코타, 너라면 어떻게 할래?"

"음, 나라면 인사부를 끌어들일 것 같은데."

"인사부?"

"그래. 그 비용을 사내 홍보용으로 쓴다고 하면 확실히 비싸 보여. 게다가 안 해도 별문제가 없었으니까 지원 안 해줘도 그만이잖아. 근데 인사부에서 연수비로 쓴다고 생각하면 그리 큰 금액도 아니잖아."

"그러네. 그러니까 사내연수비로 지원해달라고 한다는 거지?"

"응. 우에야마 부장님이 질색하시는 건 추가예산을 편성하는 거니까. 인사부 예산 안에서 지원해달라고 하면 싫어하지 않을 것 같은데."

"그러면 인사부가 싫어하지 않을까?"

"그건 명분을 만들면 되지 않을까? 지금 우리 회사의 가장 큰 문제 중 하나가 이직률이 높다는 거잖아. 사람들이 퇴사하는 이유 중에는 회사 경영 이념에 공감하지 못하는 거랑 인간관계 문제가 크더라고. 그러니까 그걸 명분으로 해서 회사 기술의 근간인 TAM을 체험한다고 하면 목적에 맞지 않을까?"

"오오, 그러네!"

"그리고 차라리 매니저랑 부하 직원 몇 명만 가는 게 좋을 거 같아. 나들이 같기도 하고, 평소랑은 다른 연수가 될 것도 같거든. 마침 인사부에서 새로운 연수 프로그램을 찾는 거 같더라고."

"요코타, 진짜 고마워! 최대한 빨리 이야기해볼게!"

나는 그길로 인사부에 갔다.

"이런 이유로…… 사내연수 차원에서 TAM을 체험하는 건 어떨까요?"

나는 인사부에 자초지종을 설명했다.

사내 직원 교육을 담당하는 매니저는 이렇게 말했다.

"좋은데요. 마침 새로운 연수 프로그램을 찾고 있었거든요. 부서 사람들이랑 논의해볼게요."

"감사합니다!!"

나는 무심결에 승리의 포즈를 취할 뻔했다.

○　○　○

"아주 훌륭해!"

이 말을 시작으로 우리는 가장 좋아하는 쇠고기 육포를 서로 나눠 먹으며 조촐한 축하 파티를 했다.

"다 겐 님 덕분이에요."

"와하하. 그래! 그래! 좀 더 칭찬해보라고!"

"정말로 멋져요. 정말로!!"

"우하하하. 그렇지!"

겐은 그다지 싫지 않은 표정을 지었다. 그래서 나는 전부터 한 가지 마음에 걸렸던 걸 물어보기로 했다.

"사실은 전부터 궁금했는데요, 왜 저한테 이렇게까지 친절을 베푸시는 거예요?"

"왜냐고?"

"그러니까 그…… 저는 한낱 범인에 불과하잖아요."

"널 보고 있으면 옛날 내 모습이 떠오르니까."

"제가 겐 님의 옛날 모습이랑 닮았나요?"

"응. 너는 말이야, 주인이 집에 돌아오기만을 한없이 기다리는 충견 하치코 같거든."

그렇다. 확실히 나는 누군가를 한결같이 믿는다. 그 점이라면 닮았을지도 모르겠다.

"아…… 그러네요. 듣고 보니 닮은 데가 있네요, 우리."

"아니, 그렇다고 우쭐대지는 말고."

"죄송합니다!"

우리는 웃었다.

"사실 너한테는 한 가지 대단한 재능이 있어. 그저 평범한 사람한테는 없는 특별한 재능 말이야."

"네에……? 저한테요?"

"그래. 너무 갑작스러워서 믿기 어려울 수도 있겠지만 언젠가는 내가 무슨 말을 하는지 알게 될 거야. 그래서 나는 너한테 내기를 걸고 싶어졌거든."

나한테만 있는 재능?? 이렇게 별 볼 일 없는 나한테. 정말로 그런 재능이 있을까?

겐은 하던 말을 계속했다.

"그건 '공감의 신'이 될 수 있는 소양이야. 근데 가끔 나 산

책 좀 시켜주지 않을래?"

"아, 죄송해요."

우리는 가까운 공원을 산책하기로 했다. 그곳에서 테니스 공을 뒤쫓는 겐은 영락없이 평범한 강아지였다. 나는 그 모습을 지켜보다가 조금 전에 겐이 한 말을 다시 떠올려보았다.

나의 특별한 재능? 게다가 공감의 신이라고?

대체 그게 뭘까……?

○　○　○

"그럼 회의를 시작하겠습니다."

진행자의 말에 회의가 시작됐다.

"그럼 인사부, 말씀하시죠."

"네. 현재 저희 인사부에서는 다음 연수 프로그램을 기획하고 있습니다."

인사부 매니저가 대답했다.

이날 회의는 다음 분기 예산 편성을 위한 것이기도 했다. 나는 설레는 마음으로 회의에 참석했다. 내 안건이 승인될 예정이었기 때문이다. 그런데 매니저가 이렇게 말하는 것이 아닌가?

"저희 부서에서는 내년에도 올해와 같은 내용으로 진행할 생각입니다. 변동 사항은 없습니다."

어라? 그 순간 나는 귀를 의심했다. 사전에 약속한 것과 달랐기 때문이다.

"그러니까 특별한 다른 사항은 없다는 말씀인가요?"

"네."

회의가 끝났다. 나는 곧장 인사부 매니저를 붙잡았다.

"저기, 매니저님 이게 어떻게 된 거죠?"

"아, 아오노 씨 죄송해요. 위에서 내려온 방침이라서 어쩔 수가 없었어요."

"위에서 내려온 방침이요?"

"네. 다음 분기부터 회사 예산 관리 시스템이 바뀐다는 건 알고 있죠? 프로젝트형 예산이라는 걸로요."

"프로젝트형 예산이요?"

매니저의 이야기는 이런 거였다. CFO인 간자키 슈이치가 앞장서서 지금 '코스트 센터의 프로핏 조직화'를 추진하고 있다. 지금까지 '코스트 센터(cost center, 비용을 쓰고 이익을 내지 못한 부서)'였던 부서를, '프로핏 센터(profit center, 매출이나 이익을 내는 부서)'로 바꾸려고 한다는 것이다.

예를 들어 인사부라면 채용비나 교육비 등에 모두 '프로젝트 코드(project code, 사업 부호)'를 부여하고, 어느 정도 매출로 이어지게끔 해야만 한다. 이른바 '프로젝트형 예산 관리'라는 것이다. 매니저는 계속해서 말했다.

"미안해요. 아오노 씨 아이디어는 좋은데 어떤 사업부에서도 예산을 편성하려고 하지 않더라고요."

"왜요?"

"채용이나 교육 목적의 연수 프로그램도 아니고 이런 문화 행사는 효과를 수치화하기 힘드니까요."

그러니까 프로젝트형 예산 관리를 함으로써 매출을 낼 수 있는 연수 위주로만 진행하겠다는 것이다. 나는 어깨를 축 늘어뜨렸다.

"……어떻게 좀 안 될까요?"

"아니, 저한테 그런 말씀을 하셔도."

"지난번에는 알겠다고 하셨잖아요."

"그렇긴 한데, 갑자기 위에서 방침을 바꿨으니 저로서도 어쩔 수가 없네요."

"갑자기 바꿨다고요?"

"네, 프로젝트형 예산 이야기 자체는 예전부터 나오긴 했어요. 실적 악화로 쓸데없는 비용을 줄이고 싶었겠죠. 그런데 갑자기 도입하겠다고 하는 거예요."

"그럴 리가……왜요?"

"그건 저도 모르죠. CFO인 간자키 씨가 말씀하셨으니까 뭔가 의도가 있겠죠."

"의도요?"

"아아, 간자키 씨가 차기 사장 자리를 노리고 있다는 소문이 있거든요. 지금 사장님이 천재인 건 맞지만 숫자에는 약하니까요. 그러니까 간자키 씨는 자신이 하기 쉬운 '관리형 문화'를 지금부터 강화하려는 거 아닐까요?"

"설마요. 간자키 씨가 그런 일을 하려고 할까요?"

"저야 모르죠. 근데 간자키 씨는 자기 노력으로 그 자리까지 올라간 사람이니까요. 우에노 안나 사장님 같은 천재를 보면 질투가 날지도 모르죠."

"저, 정말로 어떻게 좀 안 될까요?"

"음, 협조해주는 사업부가 있다면 얘기는 달라지겠죠. 예산을 편성해도 괜찮다고 말하는 사업부장이 있으면요.”

“예산을 편성해주는 사업부장이라⋯⋯.”

수재가 천재에게 품는 '동경과 질투'

“아이고, 나 원 참! 그거 하나 통과시키지 못하다니. 정말 한심하다, 한심해.”

집에 와서 겐에게 이야기하자 돌아온 첫마디였다.

“그렇다고 아직 포기한 건 아니에요!”

“옳지 옳지! 그래야지! 근데 지금 간자키 슈이치의 행동은 두 가지 측면에서 볼 때 아주 고질적인 문제야! 하나는 '수재의 질투는 뿌리가 깊다'는 거야. 잘 들어. 천재한테 수재는 정말이지 양극단적인 존재인 경우가 많아. 오른팔이 되거나 정적이 되거나 둘 중 하나라고. 즉 엄청나게 도움을 주거나 엄청나게 방해를 하는 존재. 이 둘 중 하나인 경우가 많아.”

“수재는 천재의 오른팔 아니면 정적이 된다고요⋯⋯?”

“범인은 천재한테 '좋거나 싫거나' 하는 단순한 감정만 느끼지만, 수재는 달라. 수재는 천재한테 '동경과 질투'라는 두 가지 감정을 느끼거든. 양가감정을 느끼는 거지. 한편으로는 멋있고 존경스럽다고 생각하면서도 미워하기도 해. 왜냐고? 천재만 이 세상에 없다면 자기가 대장 노릇을 할 수 있으니까."

나는 간자키 슈이치를 떠올렸다. 만약 우에노 안나가 없다면 차기 사장은 틀림없이 간자키였다.

"아, 그렇구나……하지만 말씀하신 대로라면 오른팔이 되는 수재도 있는 거잖아요. 이건 어떻게 알 수 있는 거죠?"

"바로 콤플렉스야."

"콤플렉스요?"

"응. 근데 이건 수재의 콤플렉스 극복 여부에 달렸어. 즉 콤플렉스를 극복한 수재는 천재의 오른팔로서 위대한 뭔가를 이뤄내는 참모로 거듭나. 반대로 콤플렉스를 계속해서 품고 있는 수재는 천재를 서서히 죽이는 조용한 살인자(silent killer)가 될 수도 있어."

"조, 조용한 살인자요……?"

조용한 살인자:

수재의 한 종류. 과학이 가진 '뛰어난 설명 능력'을 악용함으로써 생겨

난다. 제도나 시스템, 규칙 등을 이용해 직접 손대지 않고, 조직의 창의력이나 공감력을 없애는 존재.

겐은 계속해서 이야기했다.

"응. 분명히 말하지만 수재의 존재는 조직의 운명을 결정지을 만큼 중요해. 조직이 커지려면 수재가 반드시 필요하거든. 왜냐하면 천재의 업무 진행 방식에는 실행력이 없으니까. 범인은 천재를 따라갈 수 없지만 수재는 물고 늘어질 수 있어. 그만큼 똑똑하거든. 그러니까 수재가 촉매제가 돼서 조직에 실행력을 불어넣어야 돼."

"그렇다면 수재가 조직에 꼭 필요한 존재가 되기 위해서는 어떻게 해야 하죠?"

"좋은 질문이야. 결론부터 말하자면 수재의 가치는 조직에 양질의 과학을 도입하느냐, 악질의 과학을 도입하느냐로 결정돼."

??? 내 안에서 또다시 수많은 물음표와 궁금증이 솟구쳤다.

겐은 말했다.

"악질의 과학은 예술과 기술을 없애버리거든."

예술과 기술을 없앤다고……?

○　○　○

"경영이 예술과 과학, 기술 세 가지 요소로 이루어져 있다는 건 지난번에도 얘기했지?"

"네."

"과학은 예술이나 기술보다 설명 능력이 압도적으로 뛰어나잖아. 그러니까 수재가 조용한 살인자가 되면 예술과 기술의 힘을 하나씩 빼앗아간다고. 예를 들면 의미 없는 데이터나 관리라는 명목을 내세우면서 말이야."

"그게 무슨 말이에요?"

"이해하기 쉬운 일화가 있는데 잘 들어봐. 데이터 해석의 세계에서는 유명한 에피소드야. 어느 날 한 데이터 해석팀이 웹 광고 효과를 연구했어. 구체적으로는 어떤 사진을 올렸을 때 사람들이 많이 클릭하는지, 혹은 덜 클릭하는지 조사해본 거야. 이런 측정법을 'A/B 테스트'라고 불러."

"광고 효과를 측정해봤다는 건가요?"

"그렇지. 그러다가 한 젊은 연구원이 '엄청난 걸 발견했어요'라고 소리쳤어! 주변에 있던 연구원들이 우르르 몰려들어서 뭘 발견한 거냐고 물으니까 그 연구원은 자신만만하게 말했어. '아름다운 여성의 사진을 올렸을 때랑 글자만 있는 사진을 올렸을 때, 사람들은 전자를 더 쉽게 클릭하더라고요!'라고 말이야."

"……그게 끝인가요?"

"응. 끝이야."

"아니, 그건 당연한 거 아닌가요?"

"그렇지. 당연한 거지."

"그건 누구라도 알겠는데요."

"네 말대로야. 인간이라면 누구나 아는 거지. 데이터 분석 같은 건 할 필요도 없어. 그런데 왜 그 젊은 연구원은 그렇게 말했을까? 그건 바로 과학의 함정 때문이야."

"……목적을 잃어버렸기 때문인가요?"

"그 말에 가깝지."

과학이 위험한 건 자칫 잘못하면 '과학 자체'가 목적이 돼버리기 때문이야. 이류 연구원은 연구하는 거 자체가 목적이지. 요즘 젊은 연구원들 중에는 그런 경우가 확실히 많아."

"음, 그렇구나."

"그리고 과학 자체가 목적이 돼버리면 조직에서 예술과 기술은 순식간에 죽어버려. 설명 능력의 차이 때문에 말이야.

이게 악질의 과학이 예술과 기술을 죽이는 이유야."

재미있다.

그런데 나는 새로운 의문이 생겼다.

"한 가지 궁금한 게 있는데요, 그 연구원도 악의가 있던 건 아니잖아요? 그렇다면 과학이 악질인지 아닌지를 결정하는 건 뭐예요?"

"그건 '실패를 어떻게 받아들이느냐'야."

"실패요??"

"그래. 구체적으로 말하면 실패를 인정하기 위해서 과학을 이용하느냐 혹은 실패하지 않기 위해서 과학을 이용하느냐, 이 두 가지로 결정돼."

과학이란 무엇인가?

"이걸 이해하려면 먼저 과학이 뭔지부터 알아야 돼. 경영의 세계에 과학을 처음 도입한 건 미국의 포드사라고 알려져 있어."

"포드……라면 자동차 회사요?"

"맞아. 포드사는 과학적 방법으로 자동차를 제조하고 공정별로 정량화한 덕분에 순식간에 성장했어. 그러자 다른 업계에서도 과학적 관리법을 도입했고, 컨설팅 회사가 출현하면서 단숨에 경영의 세계에 들어왔지. 요즘은 이 방법을 스포츠 세계에도 적용하고 있어."

"듣고 보니 좋은 점도 있네요?"

"물론이지. 그렇지만 과학의 세계에도 일류 과학자와 이류 과학자가 있듯이 원래 과학적인 경영을 하려면 이용하는 사람도 뛰어난 소양을 갖춰야 돼. 사용자도 자격이 있어야 하는 거지."

"그러니까 과학을 이용하는 사람은, 정말로 우수한 수재뿐……이라는 건가요?"

"그렇지. 경영 과학은 너무나 발전했어. 매니지먼트, KPI라는 단어는 책이나 인터넷에 넘쳐나고, 이미 어느 회사에서나 쓸 만큼 자리 잡았지. 그런데 사이비 과학이 사람을 불행하게 하듯이 과학을 악용하면 조직에 불행만 가져올 뿐이야. 그리고 때때로 조용한 살인자가 이 과학을 잘못된 방향으로 이끌기도 해."

"잘못된 방향이라고요……? 그럼 그렇게 되지 않기 위해서는 어떻게 해야 하죠?"

"가장 중요한 건 과학의 본래 가치를 잊지 않는 거야."

"과학의 본래 가치요……?"

"뭔지 알겠어?"

"아뇨, 전혀 모르겠는데요……."

"먼저 '과학적'이라는 말은 '검증할 수 있다'는 뜻이기도 해. 한마디로 '진짜로 맞는지?'를 분명하게 체크할 수 있다는 거지. 물론 이것도 과학의 한 측면에 지나지 않지만. 이른바 PDCA(Plan, Do, Check, Action) 중 'C(체크)'가 있는 거라고."

나는 생각했다. 과학의 본래 가치란 무엇일까?

어렵다. 잘 모르겠다.

젠은 말했다.

"그건 말이야, '틀리는 거'야. 과학의 장점은 '실수할 수 있다는 거'라고."

"틀리는 거라고요……?"

과학의 장점은 실패할 수 있다는 것

"무슨 말씀이세요?"

"애초에 말이지, '과학자'는 계속 실패할 뿐이야. 1000번 해서 한 번 잘하면 대성공. 그런 수준의 확률이라고. 이해가 돼?"

"그러고 보니……이공계 연구실에서 공부한 친구가 비슷한 말을 한 적이 있어요."

"그렇다니까. 애초에 과학이란 건 실패의 연속이야. 거듭된 실패에서 그럴싸한 진실을 발견하지. 그리고 이 그럴싸한 진실이란 게 교과서나 책에 실리는 거고."

"아하!"

"그러니까 네가 책에서 1분 만에 얻은 그럴싸한 진실은 과학자들이 헤아릴 수 없을 만큼 실패한 끝에 비로소 발견한 거야. 그런데 그런 과정은 모르고 살고 있잖아?"

"전혀 신경 안 쓰고 있죠."

"그러니까 위험한 거야. 수재는 교과서에서 성공의 결실만 배웠기 때문에 과학을 잘 안다고 착각하기가 쉽거든. 자기는 실패한 적이 없으니까. 이렇게 실패를 모르는 수재가 리더가 돼서 과학을 잘못 휘둘러봐. 그러다가 천재를 죽이는 거야. 세계적으로 유명한 과학자가 이런 말을 했어. '과학의 장점은 실패할 수 있다는 것이다'라고 말이야."

왠지 모르게 나는 학교 수업을 듣는 것 같았다.

"그렇다면 모든 악의 근원은……."

"올바르지 못한 인간이 과학을 이용하는 것. 그걸지도 모르지."

나는 생각했다. 가장 큰 걸림돌은 역시 간자키 슈이치, 그일까?

"짐작 가는 데가 있어요……프로젝트형 예산 관리도 갑자기 도입됐거든요."

"아아, 그럼 사내에 있는 조용한 살인자는 그 녀석일지도 몰라."

사내의 조용한 살인자를 찾아라

다음 날, 나는 최강의 실행자인 요코타에게 이 문제로 상담을 했다.

"그러네……가능성은 있네."

이야기를 다 들은 요코타가 말했다.

"진짜인지는 모르겠지만 만약 간자키가 우에노 안나를 그만두게 하려고, 요 몇 년간 과학적인 시스템을 강화한 거라면 말이 되긴 해."

"그래?"

"응, 관리 회계 규칙이 바뀐 게 딱 3년 전부터니까. 기억 안 나? 그때부터 갑자기 안나 사장이 하는 사업의 적자가 엄청 눈에 띄게 드러났잖아."

"정말 그러네. 처음에는 '뭔가 잘못된 게 아닐까?' 하는 생각이 들 만큼 적자가 났지."

"맞아. 그때 우리가 보기에는 안나 사장의 신규 사업이 비교적 잘되고 있었잖아. 그런데 막상 뚜껑을 열어보니 엄청난 적자여서 다들 깜짝 놀랐고."

"그러네."

"어쩌면 처음부터 관리 회계 규칙을 변경한 건 안나 사장을 끌어내리기 위해 주도면밀하게 준비한 걸 수도 있어."

"그렇다면 어떻게든 손을 써야지."

"아오노, 일단 좀 진정해봐. 이건 어디까지나 추측이니까 총무부에 변경 사유를 확인해보는 게 좋을 것 같아. 순순히 알려줄지는 모르겠지만."

"그럼 얼른 가보자고!"

나는 말이 채 끝나기도 전에 일어서서 말했다.

"총무부에 같이 좀 가줄래?"

"뭐? 내가?"

"응."

"음……근데 나도 우에야마 부장님은 좀 대하기가 어렵더라고. 외국계 기업 출신이라 그런가 스펙도 장난 아니고, 똑부러지게 할 말 다 하고 너무 까다롭다고나 할까."

"뭔지 알아. 그래도 부탁할게."

"아이고, 나 원 참."

변경된 회계 기준

당시 회계 기준 프로젝트를 주도하고 관리했던 건 CFO인 간자키 슈이치와 그의 오른팔인 총무부장 우에야마였다.

"뭐야, 갑자기 찾아와서는. 지금 너무 바쁘니까 요점만 간단히 말하세요."

우에야마는 그렇게 말하며 안경을 쓱 올렸다.

요코타는 "아이고, 부장님. 바쁘신 와중에 정말 죄송합니다
~"라고 말하면서 바로 본론으로 들어갔다.

"단도직입적으로 말씀드리면 3년 전에 회계 규칙을 변경한
배경을 알고 싶어서 왔습니다. 그러니까 바쁘시더라도 10분
만 시간을 내주셨으면 해요."

요코타는 상대에 맞춰 완급을 조절하며 이야기하는 게 특
기다. 논리와 감정, 이 두 가지를 적절한 타이밍에 쓸 줄 안다.
하지만 우에야마 부장은 평소와 다름없다.

"뭐? 갑자기 왜 물어요, 그런 걸?"

"두 가지 이유가 있는데요. 첫 번째는 저희 부서도 예산 관
리를 더욱 철저하게 하고 싶어서요. 그러니 제발 알려주셨으
면 합니다."

"······요코타 씨 팀이요?"

"네. 그리고 또 하나는 현장에서도 회사의 전체 예산 관리
방식을 아는 게 좋지 않을까 싶어서요. 그걸로 직원들과 공부
하고 싶거든요. 그러려면 우선은 제가 모르면 안 되잖아요."

대단하다. 나는 그렇게 생각했다. 이거라면 도입 배경을 꼬

치꼬치 캐물어도 위화감이 없다. 우에야마는 잠시 생각하더니 입을 열었다.

"듣고 보니 그러네요……. 구체적으로 알고 싶은 게 뭔가요?"

"우선은 3년 전 회계 기준이 왜 변경된 건지, 그 배경을 알고 싶습니다."

"그건 몇 번이나 공지했잖아요. 제대로 안 봤어요?"

"그게 제가 머리가 나빠서 그런지 이해하기 어렵더라고요."

"……뭐야, 정말. 이걸 좀 봐요."

그렇게 말하며 우에야마는 쓱 자료를 내밀었다. 회계 기준을 바꾼 이유 등이 적혀 있는 자료였다. 우에야마는 모르겠지만 요코타는 경영기획팀에서 일한 적도 있어서 숫자에 강했다.

"아, 이래서 바뀐 거였군요. 그런데 저 질문 하나 드려도 될까요?"

"뭔데요? 시간 없으니까 빨리 끝냅시다."

"이 부분이 마음에 좀 걸리는데요……."

요코타가 한 페이지를 가리켰다. 거기에는 '신규 사업 철퇴 기준 명확화'라고 쓰여 있었다.

"이게 뭐 어떻다는 거죠?"

"여기에 사업 이익은 일부를 기준으로 판단한다고 쓰여 있는데, 이게 지금 '프로젝트형 예산 관리'의 바탕이 되는 생각인 거죠?"

"그렇죠. 왜? 뭐, 문제 있어요?"

"이 자체는 좋은데요, 신규 사업의 철퇴 기준이 조금 지나치게 엄격한 것 같아서요. 신규 사업을 기존 사업과 똑같이 본다는 게 이해가 잘 안 돼서요."

"왜요? 당연한 거예요, 이건. 같은 회사니까.

"근데요, 신규 사업이 2년 만에 전체 인건비를 기준으로 흑자를 내는 게 가능한 일인가요?"

움직였다. 살짝. 우에야마의 눈썹이 움찔거렸다. 뭔가 짚이는 게 있을지도 모른다.

"공자 앞에서 문자를 쓰는 것 같아서 죄송하지만 원래 사업을 새로 시작할 때는 자본금도 별로 없고 급여도 많이 안 주잖아요. 그러니까 판관비는 낮게 잡을 수밖에 없지 않을까요?"

우에야마는 아무 말도 하지 않았다. 요코타는 말을 이어나갔다.

"그런데 이 회계 기준이라면 새로운 사업에도 전체 인건비가 100% 청구되고 있어요. 이러면 2년 만에 신규 사업에서 흑자를 낸다는 건 거의 불가능할 텐데요……."

"그래서 불만이라도 있다는 건가요?"

"아뇨 아뇨…… 그런 거 전혀 없어요."

우에야마는 일어나면서 이렇게 말했다.

"이제 됐죠? 바쁘니까 이쯤 합시다."

놓칠 수 없다! 나는 엉겁결에 그의 팔을 붙잡고 말했다.

"안 됩니다, 가르쳐주세요."

손바닥부터 온몸에 힘을 주었다.

"앉으시죠."

우에야마가 나를 봤다. 확실히 지금까지와는 달라서인지 크고 번쩍거리는 눈이 나에게 향했다. 부장이 자리에 앉자 요코타가 말했다.

"분명 깊이 생각하고 실행하셨을 텐데, 왜 이렇게 하신 거예요?"

"……."

"이 정도는 부장님이라면 당연히 아셨을 텐데요."

우에야마는 마지못해 대답했다.

"······일부러 그렇게 한 겁니다. 일부러. 신규 사업에서 이익이 안 나게 보이도록 회계 기준을 다시 만든 거라고요."

"일부러요······??"

○　　○　　○

우에야마는 말을 이어나갔다.

"두 사람, 지금 녹음 같은 거 하고 있는 거 아니겠죠?"

"물론이죠"라고 내가 얼른 대답했다.

"두 사람 말대로 지금 회계 기준으론 신규 사업은 절대 2년 안에 흑자를 낼 수가 없어요. 물론 엄밀히 말하면 절대 불가능한 건 아니지만."

나는 화가 치밀어 올랐다.

"부장님, 왜죠? 왜 그런 식으로 바꾸셨어요? 회사 방침으로 신규 사업을 시작한다, 그렇게 말씀하셨잖아요?"

"······아오노 씨, 그건 사장님이 그냥 그렇게 말한 거고요."

"누구보다 그걸 잘 아시는 분이 왜 그걸 방해하는 것 같은 일을 하시냐고요."

"왜냐고요? 그건 말이에요, 우에노 안나 사장님이 회사에 방해가 되니까 그런 겁니다."

"네?"

"아오노 씨, 나는 진심으로 그렇게 생각해요. 이건 나를 위해서가 아니라 회사를 위한 거라고."

"무슨 말씀을 하시는 건지 도통 모르겠어요."

"지금 회사에 필요한 건 우에노 안나가 아니에요. 간자키 슈이치라고요. 우리 회사는 이제 공개기업이에요. 너무 커졌다고. 카리스마 있는 단 한 사람이 경영하는 시대는 끝났다 그 말입니다."

"우에야마 부장님, 지금 무슨 말씀하시는 겁니까! 사장님은 아직 끝나지 않았어요. 의욕도 재능도 있다고요."

"그러니까 더욱 끝낼 필요가 있는 거예요. 인터넷이나 텔레비전을 좀 보세요. 카리스마 있는 창업자가 나이 들면서 센스도 재능도 잃어버리고 조직이 노화되는 경우가 쌔고 쌨습니다. 그렇게 되면 괴로운 건 직원들이에요. 다른 누구도 아니고 바로 우리가 힘들어진다고요."

"…… 설사 그렇다 하더라도 도대체 왜, 왜 그런 잔인한 일을 하시는 거죠?"

"나는 잘못된 일을 하고 있다고 생각 안 합니다. 게다가 이건 간자키 씨도 다 알고 있는 일이고요."

"그, 그럼…… 신규 사업이 실패한 것처럼 보이게 적자가 눈에 띄도록 회계 기준을 바꾼 거란 말씀이에요……?"

"맞아요. 몇 번이라도 말해주지."

우에야마는 깊고 낮은 목소리로 이어서 말했다.

"그래, 맞아. 내가 천재를 죽였어."

"그래, 맞아. 내가 천재를 죽였어."

이제 천재는 필요 없다

그날 밤, 집으로 돌아오는 길에 생각했다.

나는 도대체 무엇을 위해서 일하는 걸까?

돌이켜 생각해봐도 떠오르는 건 역시 회사를 창업할 무렵의 기억뿐이다. 그 시절 안나는 젊은 천재 기업가였다. 재능이 흘러넘치고 야심이 가득하며 누구보다도 매력적이었다. 시간이 흘러 회사가 커짐에 따라 회사는 더 이상 그녀 혼자만의 것이 아닌 게 되었다. 그건 사실이다. 하지만 그래도 나는 이 회사를 움직이는 원동력은 그녀의 재능이라고 믿었다. 그 믿음을 잃으면 내 마음속이 텅 비어버릴 것만 같아서.

"야, 아오노."

뒤를 돌아보니 요코타가 서 있었다.

토닥토닥 격려하는 듯이 내 등을 두드려주었다. 그는 밥이라도 먹으러 가자고 말했다. 우리는 근처에 있는 식당으로 들어갔다. 입사했을 무렵부터 지금까지 즐겨 찾는 곳인데 감자샐러드가 아주 맛있는 식당이다.

"한바탕 난리였지. 그런데……."

스테이지1	자신의 재능을 이해하고, 발휘한다
스테이지2	상반된 재능의 역학 관계를 이해하고, 활용한다
스테이지3	무기를 선별하고, 방해되는 사람(것)을 제거한다

← 지금 이 단계를 통과함

< 그림 16 > 재능의 깊은 뜻을 깨닫는 스테이지2

"휴우······."

"솔직히 말하면 나는 우에야마 부장님 말이 일리 있다고 생각해. 너나 안나 사장님한테는 미안하지만 말이야."

"일리 있다고?"

"만약 회사에 간자키 씨가 없었다면 지금처럼 우에노 안나가 사장으로 있는 게 제일 좋겠지. 마땅히 대신할 사람도 없으니까. 그런데 간자키 씨가 있다면 얘기가 좀 달라져. 그 사람은 머리도 좋고 노력가잖아. 어쩌면 지금 단계에서는 우리 회사에 그 사람이 더 필요할지도 몰라."

"아······. 그래 그건 나도 알아. 하지만 이 회사는 안나 사장님이 만든 거잖아? 정말로 맨땅에서 시작해서 일궈낸 거라고. 그렇게 일했던 사람을 내쫓다니 너무 잔인해."

"그래, 간자키 씨는 회사가 이미 자리 잡았을 때 임원으로 들어왔고 아직 4년밖에 안 되긴 했지."

"으휴, 뭐가 맞고, 뭐가 틀린 건지 모르겠다."

나는 하이볼을 쭉 들이켰다. 요코타는 말했다.

"근데 진짜 중요한 건 그게 아닐지도 몰라."

"?"

"제일 중요한 건 안나 사장님이 어떻게 생각하느냐 아닐까? 네가 응원하는 건 회사가 아니라 우에노 안나 사장님이잖아?"

"……그거야 그렇지."

"그러면 가장 신경 써야 할 건 사장님의 진심 아닐까?"

사장님의 진심…… 지금 우에노 안나 사장님은 무슨 생각을 하고 있을까?

나만의 무기로 싸워라

천재의 어두운 면

집에 돌아오니 겐이 이렇게 말했다.

"회사에서 무슨 일 있었어? 안색이 너무 안 좋은데. 어깨도 축 처졌고."

"이런 상황에서 기운이 나겠어요?"

"나고말고. 왈왈! 내가 지금 뭐라는 거야."

"……집에 갈게요."

"아니, 여기가 네 집이잖아."

"……아, 그러네요."

"어? '여기는 튀김덮밥집이잖아요. 출근할게요!'라고 해야지. 순순히 인정하고 있으면 어떡해!"

"그렇지만 사실이잖……."

덥석. 둔탁한 소리와 함께 극심한 통증이 밀려왔다.

"아야야야야야! 뭐 하는 거예요!!"

"한번 물어봤어."

"뭐? 뭐? 뭐라고요?"

정신을 차려보니 겐이 달려들어 내 오른쪽 넓적다리를 물고 있었다. 둔한 통증, 몸속에 아드레날린이 분비된다. 심장이 벌렁벌렁하고 혈압이 단숨에 올라갔다. 겐이 의기양양한 듯 말했다.

"어때? 이제 기운 좀 나지?"

"기, 기운이 아니라 피가 나잖아요!!"

"괜찮아. 그 정도론 안 죽어. 어때, 살아 있다는 게 느껴지지?"

나는 이빨 자국이 난 바지를 벗고 서둘러 지혈을 했다. 겐은 '와하하하' 하고 소리 내어 웃고 있다. 이 강아지, 너무 난폭하고 엉뚱하다…….

"네가 여기까지 어떻게 왔는지 떠올려봐. 가까스로 '재능의 깊은 뜻'을 습득하는 단계까지 왔는데, 여기서 멈출 건 아니지?"

"재능의 깊은 뜻이요?"

"그래. 너는 지금껏 '재능 있는 사람'을 지지하고 싶다는 마음을 안고 계속 살아왔잖아?"

"그건 그렇죠."

"이제 겨우 천재를 이해할 수 있게 됐으니 하나 더 가르쳐 주지. 그건 바로 천재의 어두운 면이야. 이제야 비로소 천재의 어둠을 이해할 준비도 된 거 같으니까."

"천재의 어두운 면이요?"

"응. 사회에서 성과를 내고, 많은 사람으로부터 칭찬과 존경을 받는데도 도대체 왜 천재는 자살을 선택하는 걸까? 그 이유는 바로 자기 '마음속에 있는 어둠'에 잡아먹히기 때문이야."

"마음속에 있는 어둠이요?"

"그렇다니까. 물론 천재 중에는 행복하게 꿋꿋이 살아가는 사람도 있어. 그렇다면 왜 그런지 궁금하지 않아? 둘의 어떤 점이 다른지 말이야."

죽음을 선택하는 천재와 행복하게 꿋꿋이 살아가는 천재.

이 두 사람이 다른 점은 뭘까?

"그건 말이지, 공감의 신이라는 존재가 옆에 있어주느냐 아

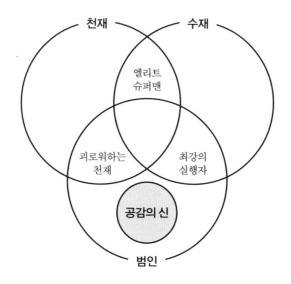

< 그림 17 > 천재를 지지하는 공감의 신

니냐에 따라 크게 달라져."

"공감의 신이요?"

"응. 범인 중에는 공감력이 너무나 뛰어나서 누가 천재인지
를 알아볼 수 있는 사람이 있어. 바로 공감의 신이야< 그림 17 >.
이 사람은 인간관계의 사소한 변화나 움직임을 금세 알아차
리지. 결과적으로 관계도에서 누가 천재이고, 누가 수재인지

를 판별하고, 천재의 마음을 이해해줘. 쉽게 예를 들면 다자이 오사무랑 함께 자살한 그 여자처럼 말이야. 만약 그 여자가 없었다면 다자이 오사무는 훨씬 빨리 생을 포기했을 거야."

"대부분의 천재는 말이야, 세상이 자기를 이해해주지 않으니까 죽음을 택하거든. 근데 이 공감의 신이 옆에 있으면 그럭저럭 살아갈 수 있어. 공감의 신은 인간관계의 천재이기 때문에 천재를 격려하고 응원해주거든."

"인간관계의 천재요……?"

"그래. 그리고 사실 이걸 인간 역학에서 바라보면 세상이 진화하는 메커니즘이라니까."

세상이 진화하는 메커니즘……?

공감의 신=소통의 달인

"예전에 엄청난 대기업에서 일하는 높은 양반이랑 이야기하다가 재미있는 사실을 깨달았어. 그 양반 하는 말이 대기업이 이노베이션을 일으키려면 젊고 재능 있는 사람들과 소통을 잘하는 인재가 필요하다는 거야. '천재와 소통하는 인재 이론'이지"

"즉 천재와 공감의 신……이라는 말씀이죠?"

"그래. 당연한 말이지만 대기업에서 일하려면 물밑 작업이 진짜 중요해. 새로운 일을 추진하려면 여러 부서 사람들이랑 사전에 커뮤니케이션을 해야 하니까."

"저희 회사에서도 그래요. 그건 너무 중요해요."

"안타깝게도 천재는 그걸 못해. 창의력은 좋지만, 실행력이나 공감력은 별로 없어서 평범한 사람들을 설득하지 못하니까. 그래서 엄청나게 애를 먹거든. 천재가 그걸 실현하려면 뒤에서 도와주는 사람, 즉 공감의 신이 필요해."

처음 듣는 이야기에 어느새 다리 통증 따위 느껴지지 않았다.

겐은 쉬지 않고 말했다.

"천재는 공감의 신 덕분에 창작 활동을 이어나갈 수 있는 거야. 그리고 천재가 만들어낸 것을 엘리트 슈퍼맨과 수재가 실행력을 통해 실현하고 결국 최강의 실행자가 사람들에게 공감을 얻어. 이렇게 해서 세상은 발전해나가는 거야. 이게 인간 역학에서 바라본 세상이 진화하는 메커니즘이야."

재능을 믿는 힘

"그럼 우에노 안나한테는 제가 공감의 신······이라는 말씀인 거죠?"

"아니, 그건 아니야. 정확히 말하면 아니었어. 너는 그저 범인에 불과했거든. 하지만 지금은 천재가 품고 있는 어둠의 세계에 한 발을 들여놨지. 수재가 천재한테 느끼는 양가감정도 이해했고. 범인이 어떻게 천재를 죽이는지도 지켜봤어. 그러니까 진정한 의미에서 인간 역학을 이해한 거야."

"그러고 보니 예전에 저는 수재가 천재를 존경하면서도 미워하는 감정을 잘 이해하지 못한 것 같아요."

"다행히 너한테는 공감의 신이 될 만한 가장 중요한 요소가 있어. 특별한 재능이 너한테 있다고. 그건 사람의 재능을 믿는 힘. 재능을 굳게 믿는 힘이야."

나는 겐이 예전에 했던 말을 떠올렸다.

"너한테는 한 가지 대단한 재능이 있어. 언젠가는 내가 무슨 말을 하는지 알게 될 거야."

겐은 이야기를 계속했다.

"자, 이제 때가 됐어. 네가 최강의 무기를 손에 넣을 때가 왔다고!"

'나만의 말'이라는 최강의 무기

"하지만 저는 범인이잖아요. 재능도 없고요."

"아니야. 범인이 가진 최강의 무기는 '나만의 말'이야."

"나만의 말이요?"

"응. 애초에 말에는 거짓말이 많이 섞여 있어. 거짓말은 사실 내가 만들어낸 말이 아니라 누군가한테 빌린 말이야."

누군가한테 빌린 말?

이건 또 무슨 뜻일까?

"이 말은 아기를 상상해보면 쉽게 이해할 수 있어. 일단 아기가 자주 쓰는 말이 뭘까?"

"엄마나 아빠 아니면 그거, 싫어, 그리고 음식 이름 같은 게 아닐까요?"

"아마도 그렇겠지? 그런데 그건 모두 나만의 말이야. 무슨 뜻이냐면 모두 자신이 하고 싶은 일이나 본능적인 감정이 앞서서, 그 감정에 말이라는 상표를 붙이고 있는 거야. 엄마

가 안아줬으면 좋겠다, 맘마 먹고 싶다, 그건 싫다, 저게 갖고
싶다."

"그러고 보니 확실히 감정이 앞서 있네요."

"그렇다니까. 그런데 어른이 쓰는 말들을 한번 떠올려봐.
대부분은 다른 사람이 만든 말이야. 예를 들어 이익이나 마케
팅 같은 건 애초에 이 세상에는 없었던 말들이야. 회사나 조
직, 국가라는 환상이 편리함을 추구하기 위해 만들어낸 공통
언어거든."

"하지만 세상이 돌아가기 위해서는 필요한 말이잖아요?"

"물론이지. 나만의 언어와 공통 언어, 이 두 가지가 모두 있
어야만 비로소 사회는 돌아가. 하지만 사람의 마음을 움직이
는 건 편리한 말이 아니야. 영혼을 흔드는, 마음에서 저절로
우러나온 말이지. 공통 언어는 수재의 무기지만 나만의 말은
범인의 무기야. 범인만이 뽑아 들 수 있는 최강의 검, 엑스칼
리버라고."

나는 생각해본 적이 없다. 범인이기에 가질 수 있는 최강의
무기……그게 나만의 말이라는 것을.

젠은 말을 이어나갔다.

"명심해. 타인의 말을 버리고, 나만의 말이라는 최강의 무

기를 가져야 해. 그래야 너의 재능을 꽃피울 수 있어."

내가 가진 최강의 무기……?

타인의 말을 제거하고 솔직해진다

겐이 나에게 해준 이야기는 흥미로웠다. 하지만 아직 요점을 파악하지 못했다.

"그런데 말이에요, 음……어떻게 하면 그 무기를 가질 수 있을까요?"

"범인이 최강의 무기를 가지려면 두 가지 과정을 거쳐야 해. 하나는 타인의 말을 제거해나가는 거야. 다시 말해 누군가한테 빌려온 말을 일상에서 완전히 배제하는 거지. 또 하나는 솔직해지는 거야."

"솔직해지는 거요?"

> 범인이 '최강의 무기'를 얻을 수 있는 두 가지 방법
>
> 1. 타인의 말을 제거해나갈 것.
>
> 2. 솔직해질 것.

"인간은 성장하는 동안 정말로 많은 지식과 경험을 쌓지. 어려운 프레임워크나 경영 용어, 겉만 번지르르한 개념 같은 것들 말이야. 다른 사람한테 빌린 말을 절대 쓰지 말고, 업무 이야기를 해봐. 이게 중요하다고. KPI도, 진행 관리도, 데이터도, 공공 경영도, 모두 쓰면 안 돼. 다 금지어야."

타인의 말, 즉 공통 언어를 하나도 쓰지 않고 업무 이야기를 한다니……생각해본 적도 없다. 그걸로 정말 최강의 무기를 얻을 수 있을까?

"경영이나 이익이란 단어도 안 되나요?"

"안 돼. 당연하잖아. 갈피를 못 잡겠으면 초등학생도 쓸 수 있는지 없는지를 생각해봐. 초등학생도 쓸 수 있는 단어라면 괜찮아. 그렇지 않으면 금지어야."

"즉……초등학생이 쓰는 단어만으로 업무 이야기를 해보라는 말씀이죠?"

"응. 그러면 알게 될 거야. 비즈니스맨이 평소에 얼마나 '나만의 말'을 잊고 사는지를. 그다음 네가 느끼고 있는 그대로를 솔직하게 고백해봐. 그러면 사람들은 분명 움직일 거야. 오셀로의 말이 뒤집히는 거지."

모르겠다. 하지만 이것이 자신의 말을 되찾는 첫걸음이라면 일단 해봐야 한다…….

우리는 무엇을 해야만 하는가

그날부터 내 안에서 의식이 바뀌었다. 확실히 겐이 말한 대로
조직 안에서 많은 사람들이 타인의 말만 쓰면서 살고 있다.
오늘 미팅이 바로 그랬다.

"수치를 중심으로 KPI 진척 상황에 대해 얘기해보죠. 그럼
영업부부터 예산 집행 확인 부탁드립니다."

우에야마 부장의 말에 영업부 매니저가 이야기를 시작했다.

"먼저 매출은 예산 대비 90%로, 이대로라면 미달입니다.
병목현상을 일으키는 원인은 조직이 정보 공유를 하지 않기
때문입니다."

"그게 무슨 말입니까?"

"지점마다 업무 진행 방식이 제각각이라 성공 사례를 수평
전개 기업에서 보유하고 있는 기술이나 지식, 정보 등을 다른 대상에 적용하여 동일한 결과를 낼 수
있게 하는 것을 뜻하는 비즈니스 용어로, '횡전개橫展開'라고도 한다 - 옮긴이 할 수 없습니
다. 이것 때문에 영업 지점에 따라 매출의 편차가 납니다."

이렇게 돌아보니 업무에서 사용하는 대부분의 말이 타인에게 빌려온 것 같았다. 물론 그건 그것대로 필요한 말이다. 하지만 확실히 마음을 움직이는 말은 아니다……. 회의는 계속 진행되었고 내 차례가 됐다. 우에야마가 말했다.

"홍보부, 진행 상황 보고하세요."

"네. 홍보부에서는……."

그때, 겐이 한 말이 떠올랐다. 왜냐하면 '홍보'라는 단어조차 타인에게 빌려온 말 같았기 때문이다.

초등학생이라면 '홍보'라는 말을 썼을까? 뭐라고 말했을까? 순간적으로 그런 생각이 들었다. 정말 바보 같군. 그렇게 생각할지도 모른다. 하지만 지금에 안주하면 아무것도 변하지 않는다. 나는 겐이 한 말을 따를 수밖에 없다. 그 외에는 달리 방도가 없으니 말이다. 그래서 나는 초등학생도 쓸 수 있는 말을 생각했다.

'우리는'이다.

초등학생이라면 분명 '홍보'가 아니라 '우리'라는 말을 쓸 것이다. 우에야마는 짜증스러운 얼굴을 하고 있다.

"우……우리의 진척 상황은 지금, 목표 대비……."

그렇게 말하니 또다시 말문이 막혔다. 진척? 목표? 이건 정말로 나의 말일까? 아니다.

한숨. 우에야마가 짜증을 내고 있다.

"아오노 씨! 오늘 컨디션 안 좋습니까? 그럼 조퇴하고 병원에나 가세요."

실소하는 소리가 들렸다.

하지만 바뀌어야만 한다. 평소라면 "죄송합니다"라고 사과할 테지만 이제는 상관없다. 필사적으로 나만의 말을 찾았다. 분명 초등학생이라면 "우리는 지금, ○○을 하고 있습니다"라며 하고 있는 일과 앞으로 하고 싶은 일을 이야기할 것이다. 나는 준비했던 메모를 손에서 내려놓고 이렇게 말했다.

"TAM은, 우리의 축제입니다."

"엥?"

회의실 분위기가 얼어붙었다. 그리고 모두가 얼굴을 들어 올렸다. 우에야마가 말했다.

"축제? 아오노 씨, 지금 무슨 소릴 하는 겁니까?"

"축제는 즐겁습니다. 두근두근하고 설레죠. 좋아하는 게 잔뜩 모여 있으니까요."

"뭐라고요? 아오노 씨……."

나는 신경 쓰지 않고 계속해서 이야기했다.

"축제는 왜 즐거울까요? 그곳에는 사람이 있고, 재미있는 가게와 신나는 춤과 음악이 있기 때문입니다. 누구라도 좋아할 만한 게 잔뜩 모여 있어서 축제에 가본 사람은 '재미있다~', '내년에 또 와야지'라고 생각합니다. 재미와 설렘을 느낀다는 점에서는 TAM도 마찬가지입니다. 하지만 왜인지 TAM은 한 번 가보는 것으로 끝나고, 축제는 매년 찾게 되죠. 왜 그럴까요?"

회의실에 있는 모두가 나를 쳐다봤다.

"그 이유는 '내가 함께 즐길 수 있다는 점'과 '축제가 끝난 후'에 있다는 걸 깨달았습니다."

지루하다는 듯이 앉아 있던 기획부 매니저가 몸을 쑥 내밀었다.

"그건 참여성과 여운이라는 말씀인가요?"

나는 대답했다.

"그렇습니다. 축제에는 누구나 갈 수 있습니다. 그리고 축제에 어울리는 옷을 입는 것도 춤을 추는 것도 축제의 일부라고 할 수 있죠. 또 때로는 축제 준비도 다 같이 합니다. 하지만 TAM은 보는 것으로 끝납니다."

"아오노 씨, 이제 그만하세요! 상관없는 얘기잖아요."

우에야마 부장의 말이 떨어지기 무섭게 기획부 매니저가 그의 말을 가로막았다.

"아뇨, 부장님. 재미있는 얘기네요. 아오노 씨, 계속하세요."

"감사합니다. 또 하나는 '축제가 끝난 후의 느낌'입니다. 한마디로 여운이죠. 어린 시절 저는 축제가 끝나면 고요하고 쓸쓸해진 축제장을 바라보면서 '아아, 이 계절도 이제 끝이구나', '내년에 또 와야지!'라고 생각했습니다."

"저도 그 마음 잘 알아요."

"집에 돌아와서도 그런 기분은 계속되었죠. 축제장에서 샀던 정체를 알 수 없는 장난감이나 금붕어 같은 기념품이 있었으니까요. 이건 여행도 마찬가지입니다."

전하고 싶은 이야기가 차고 넘쳤다.

"기념품은 여행의 여운을 오랫동안 느낄 수 있게 해주죠. 집으로 가져온 기념품을 보거나 먹거리를 먹으면 '그때 그곳'을 떠올릴 수 있고, 누군가한테 그걸 선물하면 다시 한번 여행 이야기를 할 수 있게 해주죠. 다시 말해 기념품이 그때의 감동을 오랫동안 간직할 수 있게 해준다는 겁니다."

회의실의 분위기가 한껏 달아올랐다는 걸 직감했다. 조금 전까지만 해도 바보 취급하던 참석자들도 내 이야기에 귀를 기울였다. 자녀가 있는 직원 중 한 명이 말했다.

"그러고 보니 여름 축제가 끝나면 아이들이 정체불명의 장난감을 가지고 들어오는데 그걸 볼 때마다 제 어린 시절이 떠오르더라고요. 여운이란 게 그런 거죠?"

"아, 뭔지 알 것 같네."

이런 말이 들렸다. 오셀로의 말이 하나씩 뒤집히고 있었다. 나는 계속해서 이야기했다.

"그러니까 TAM을 다시 활성화하는 열쇠는 모두가 함께 즐길 수 있는 시설이나 프로그램을 만드는 것과 오랫동안 여운을 느낄 수 있는 기념품, 이 두 가지가 아닐까 하는 생각이 들었습니다."

"오, 정말 그러네!"

기획부 매니저가 말했다.

○　○　○

회의가 끝났다. 기획부 매니저가 나에게 말을 걸어왔다.

"아오노 씨, 오늘 프레젠테이션 엄청 흥미로웠어요. 마치 우에노 안나 사장님이 아오노 씨한테 빙의한 것처럼 보였다니까요. 그 정도로 설렜어요. 구체적으로 어떻게 진행할지도 생각한 거예요?"

"아뇨……사실 그건 아니에요. 죄송합니다."

"그럼 우리 부서랑 같이 생각해볼까요?"

"네? 그래도 되나요?"

"물론이죠. 사실은 나도 사장님의 재능에 반해서 이 회사에 입사했거든요. 사장님이 이대로 회사를 그만두는 건 아니라고 생각했어요."

"정말요?"

나는 마음이 흔들렸다. 인생에서 처음으로 나의 말로 다른 사람의 마음을 움직여놓았다. 그렇게 생각하자 뭉클해졌다.

"가, 감사합니다……. 제발 도와주세요."

"물론이죠. 바로 정리해서 다음 주 임원 회의에 올리자고요."

"네? 임원 회의에요?"

"네, 이번 주까지 기획서 정리해서 우리 부서에서 제안하고 싶은데, 괜찮죠?"

"그럼요!!"

솔직히 아직도 내 말의 어디에 끌렸는지 모르겠다. 하지만 만약 오늘도 평소처럼 이야기했다면 이런 일은 절대로 일어나지 않았으리라. 그러고 보니 젠은 이렇게도 말했다.

"왜 사람들이 타인의 말을 쓰는지 알아?"

"왜요……? 솔직히 모르겠어요."

"그건 말이야, 너무너무 편하기 때문이야. 타인의 말은 편리해. 내 언어가 아니니까 내 생각이 들어갈 필요도 없고, 여차하면 남 탓을 할 수도 있으니까. 그건 그것대로 별로 나쁜 건 아니야. 인류가 살아가기 위해서 만들어낸 기술 같은 거니까. 하지만 진심으로 다른 사람의 마음을 움직이고 싶다면 그런 말로는 안 돼. 나만의 말을 써야 한다고."

"타인의 말로는 사람들의 마음을 움직일 수 없다……."

"그래. 사람의 마음을 움직이는 건 나만의 말뿐이라니까? 그리고 나만의 말을 찾는 건 결코 쉬운 일이 아니야. 하지만 지금의 너한테는 필요하지."

확실히 그건 결코 쉬운 과정이 아니다. 하지만 지금 나에게는 필요할지도 모른다. 내 안에서 무언가가 변하고 있는 것을 느꼈다.

무기와 스토퍼

집에 돌아오자 겐이 이렇게 말했다.

"지금까지 이것저것 가르쳐줬잖아. 오늘은 '무기'와 '스토퍼(stopper)' 이야기를 해줄게."

"무기와 스토퍼요……?"

"응. 재능은 거기에 맞는 무기가 있어야 비로소 성립되거든."

• 재능×무기

"아무리 재능이 있는 사람이라도 그것을 표현하는 무기가 없으면 세상 사람들한테 전할 방법이 없어. 예를 들면 화가한테는 붓이고, 음악가한테는 악기지. 그리고 초일류 사람은 반드시라고 해도 좋을 만큼 자신에게 맞는 최고의 무기를 갖고 있어."

"최고의 무기요……?"

"자신의 재능을 표현하기 쉬운 방법, 그게 무기야. 재능은 어떤 형태로 나타날 때 비로소 사람들한테 전해지거든. 한마디로 그 매개체지. 이 무기는 아무리 재능이 있는 사람도 반드시 연마할 필요가 있어. 태어날 때부터 피아노를 잘 치는 사람은 없잖아? 그거랑 똑같은 거야."

"그렇구나……."

"그런데 무기에는 조합이 있어."

> 창의력과 잘 맞는 무기: 예술, 창업, 엔지니어링, 문학, 음악, 엔터테인먼트
> 실행력과 잘 맞는 무기: 과학, 조직, 규칙, 매니지먼트, 숫자, 편집, 문서, 법률
> 공감력과 잘 맞는 무기: 언어, 마케팅, SNS, 사진, 대화, 지역 커뮤니티

"그리고 그 무기를 이해하고 있는 사람은 상황에 따라 어떤 무기를 어떻게 조합할지를 선택하지. 예를 들면 지금은 창의력을 발휘하고 싶으니까 예술을 이용하자, 실행력을 발휘하고 싶으니까 숫자를 이용하자고 말이야."

> 재능과 무기＝세상 사람들이 인식할 수 있는 성과

"아, 그래요……?"

"조숙한 천재란 일찌감치 자신에게 맞는 무기를 찾아낸 사람이야. 아무리 재능이 있어도 무기를 연마하지 않으면, 세상 사람들은 너의 재능을 알아볼 수 없거든. 절대로 꿰뚫어볼 수가 없지. 이건 너무 당연한 이야기잖아."

"저한테는 그게 말이라는 거죠?"

"응. 그리고 그건 말이야, 또 한 가지 중요한 걸 나타내."

무기보다 더 중요한 것이 있다고……?

모든 사람의 내면에는 천재가 숨어 있다

"혹시 마트료시카라고 알아?"

"마, 마트료시카요? 인형 말인가요?"

"응. 몇 번을 열어도 크기순으로 똑같은 인형이 들어 있는 러시아 전통 인형 말이야. 잘 들어봐. 애초에 이론이란 최소한으로, 최대를 설명하기 위해서 존재하는 거거든. 즉 되도록 쉽게 많은 내용을 설명할 것, 이게 훌륭한 이론의 조건이야."

"역으로 생각하면 어떤 이론에도 예외는 있다는 말씀이죠?"

"맞아. 그러니까 이 천재 이론도 솔직히 말하면 예외는 있어. 하지만 이 이론의 진정한 가치는 네 안에도 천재가 있다는 걸 깨닫게 해준다는 거야.〈그림 18〉."

"제 안에도 천재가 있다고요……?"

"그렇다니까. 네 안에도 천재는 있어. 하지만 동시에 그 천재를 죽여버리는 수재도 범인도 그 안에서 자라고 있지. 바꿔 말하면 '왜 창조적인 사고를 할 수 없을까?'라고 고민하는 대부분의 사람이 어릴 때 받은 교육의 영향으로 자기 안에 있는 천재를 죽여버렸기 때문이야. 그런데 이번에 넌 그 통제자를 떼어내는 데 성공한 거야."

"내 안에 있는 통제자를 떼어냈…… 그건 수재의 말을 잊어버렸다는 말인가요?"

"그래. 사람의 재능이라는 건 0이냐 100이냐가 아니야. 예를 들어 창의력:실행력:공감력=10:0:0이 아니야. 대부분 저마다 조금씩 갖고 있어. 그리고 그 우열에 따라 천재, 수재, 범인이라는 카테고리가 결정되지."

(예를 들면)

괴로워하는 천재 　　창의력:실행력:공감력＝5:1:4

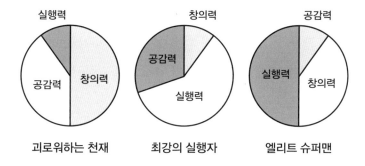

<figure>

| 괴로워하는 천재 | 최강의 실행자 | 엘리트 슈퍼맨 |

</figure>

< 그림 18 > 모든 사람의 내면에는 천재가 숨어 있다

최강의 실행자　　　창의력:실행력:공감력＝1:6:3

엘리트 슈퍼맨　　　창의력:실행력:공감력＝4:5:1

"그러니까 너한테도 창의력이 있어."

"아……."

"그런데 왜 세상에는 천재가 압도적으로 적을까? 그 이유
는 처음에 말했듯이 설명 능력의 차이가 천재의 싹을 없애버
리기 때문이야. 넌 이런 적 없어?"

겐은 계속해서 이야기했다.

"한밤중에 문득 엄청나게 재밌는 생각이 떠올라서 메모했어.

내일 당장 건의해야겠다고 생각만 해도 너무 설레서 가슴이 두근두근거려. 그런데 막상 다음 날 아침에 다시 보니까 영 별로인 거야. 그래서 어제의 내가 왠지 바보 같아서 부끄러운 마음에 메모를 지운 적 말이야."

"비슷한 경험이라면 저도 있죠. 시도해보고 싶은 일이 있었는데 '이런 말을 들으면 어쩌지?', '실패하면 어떡하지?'라는 생각 때문에 결과적으로는 아무것도 못 했어요."

"그래그래. 실제로 이때의 프로세스는 머릿속으로 천재→수재→범인, 이 세 사람이 순서대로 튀어나온 거야. 네 안에 있는 천재가 떠올린 아이디어를, 사회적인 기준이나 논리로 옳은지 그른지를 판단하는 게 수재야. 그리고 마지막에 '괜찮을까? 좀 부끄러운데', '주변 사람들이 어떻게 생각할까?' 하고 감정적으로 판단하지. 그 결과, 역시 그만둬야겠다고 마음먹은 범인이 튀어나온 거야."

나는 돌이켜봤다. 확실히 창의력→실행력→공감력이라는 프로세스를 거쳤다. 겐은 말을 이어나갔다.

"그러니까 천재란 자신에게 맞는 무기를 손에 쥔 후에 스토퍼를 떼어낸 인간이라고 할 수 있어. 스토퍼는 말 그대로 내가 하려는 일이나 행동을 멈추게 하는 사람이니까."

"하지만 그래도 역시 저한테는 창의력이 없는 것 같아요. 어제 일은 그저 운이 좋았을 뿐이에요."

"너 정말 헛똑똑이구나. 천재의 내면에도 스토퍼가 있다는 말 이해했지? 동의도 했고? 그런데 왜 네 안에도 천재가 있다는 걸 모르는 거야?"

"이유요……?"

"딱히 없지?"

"그건……자라면서 조금씩 철저하게 교육을 받았기 때문 아닐까요? 내가 감히 맞설 수 없는 천재가 사회에 있다고 말이죠."

"아이고 참, 넌 정말 몰라도 너무 모른다. 그건 그거고 이건 이거야. 전혀 다른 이야기라고."

"다른 이야기요?"

"그래. 확실히 이 세상에는 천재 중의 천재가 있지. 네가 그 사람들이랑 같은 씨름판에서 싸운다면 이길 수가 없어. 그건 사실이야. 하지만 그거랑 네 안에도 어마어마한 천재가 있다는 건 완전히 다른 이야기야. 게다가 사람들은 재능이 있는지 없는지에만 초점을 맞추려고 하는데, 그것보다 훨씬 더 중요한 건 내 안에 있는 스토퍼를 없애느냐, 못 없애느냐야. 이게 진짜 내가 되기 위한 방법론이라고."

나는 다시 떠올려봤다.

'나의 재능을 믿고, 살리면 인생 최고의 나를 만날 수 있게 된다.'

드디어 이 말의 의미를 깨달은 것 같다.

겐과 이별하다

그러고 나서 맞은 주말, 나는 필사적으로 일에 몰두했다. 아침 6시에 일어나서 밤늦게까지 자료를 정리했다. 그런데 이상하게도 힘들지 않았다. 오히려 즐거웠다. 오랜만에 집중력을 발휘했다. 임원 회의 전날, 모든 준비를 끝낸 나는 겐과 함께 시부야를 산책하기로 했다. 시부야의 상징이던 하치코 동상은 이제 존재하지 않는다. 그래서 지금은 '전 하치코 동상 앞'이라고 부르는 것 같다.

겐은 말했다.

"저기 있잖아, 나 할 말이 있어."

"뭔데요?"

"나, 며칠 뒤면 충견 하치코로 돌아가야 돼."

"충견 하치코로 돌아간다고요?"

"그래."

"그 말씀은 동상으로 돌아간다는 뜻인가요?"

"맞아. 그런 거지."

"좀 더 있다가 가면 안 돼요?"

"나도 그러고 싶지만 어쩔 수가 없어."

"아니……갑자기 왜요?"

"그게…… 유급휴가를 다 써버렸거든."

"네?"

"유급휴가 말이야."

"유급휴가요?"

"그래. 다 써버렸어. 너무 논 거지."

나는 이것저것 딴지를 걸고 싶었지만 그냥 넘어갔다. 젠은
말했다.

"아무튼, 이제 함께 있을 날이 얼마 안 남았어. 그건 알고 있
으라고."

"……그래도 이렇게 이야기할 수는 있는 거죠?"

"아니, 그건 안 돼. 한 사람한테 한 번의 기회만 주어지거든."

"안 된다고요? 왜요?"

"재능을 폭발시킨다는 건 엄청난 힘이 있어. 그러니까 다음 번에는 네가 가르쳐주는 입장이 돼야 해. 누군가한테 그걸 배운 사람은 다시 남한테 가르쳐줘야 하거든. 왜냐하면 세상이 그렇게 해서 돌아가고 있으니까."

"제가 가르쳐줘야 한다고요?"

"그래. 지금껏 잘 따라왔으니까 앞으로는 혼자서도 다른 사람이 재능을 살릴 수 있게 잘 도와줘. 이게 범인인 너의 운명이고, 공감의 신의 역할이야."

"하지만……그건 너무한데요……."

"새로운 재능을 가진 인재는 어느 시대에나 반드시 나타나게 되어 있어. 이 도시, 이 나라, 어디서든 그런 사람들은 생겨나게 마련이야. 그런 사람을 내가 만난다고 생각하면 너무 설레지 않아?"

나는 고개를 숙였다. 겐과 헤어질 날이 다가오고 있다. 그런 생각을 하는 것만으로도 마음이 먹먹해졌다.

"알겠어요……."

"어째 영 힘이 없네. 한번 물어줄까?"

"그, 그것만은 좀."

"그럼 배에 힘 꽉 주고 소리쳐봐."

"네! 네! 알겠습니다!"

"오, 바로 그거야, 그거. 좋잖아! 그럼 지금부터 집까지 있는 힘껏 달려서 돌아가자고!

"으휴~!!"

사업 매각

"이상입니다."

나는 그날, 평소보다 신경 쓴 깔끔한 정장을 입고 회사에 출근했다. 그 정장은 5년 전, 창업 멤버가 생일 선물로 사준 특별한 옷이었다. 임원 회의에는 모든 임원이 참석했다. 그런데도 이상하리만치 긴장이 되지 않았다. 기획안 발표가 끝나자 우에노 안나가 말문을 열었다.

"방문객들이 참가할 수 있는 행사와 기념품이라."

나는 대답했다.

"그렇습니다. 분명 이 방법을 쓰면 지금보다 훨씬 흥행할 겁니다."

"그 제안은 아주 흥미로워요. 하지만 아오노 씨한테 전할 말이 있어요."

"네? 어떤……?"

"TAM을 매각하기로 했어요."

"네?"

나는 두 귀를 의심했다.

"왜요?"

"사실은 메인 스폰서인 A사에서 '이번 분기를 끝으로 재계약을 하지 않겠다'는 말이 나왔습니다."

CFO인 간자키 슈이치가 이어서 말했다.

"다들 알겠지만 TAM의 매출은 입장료나 기획 상품, 스폰서 비용으로 유지되고 있습니다. 우리 TAM이 적자인데도 지금까지 버틸 수 있던 건 A사 덕분이었습니다."

"네, 그건 잘 알고 있습니다."

"A사가 스폰서 계약 연장을 포기하면 TAM의 적자는 눈덩이처럼 불어납니다. 어떻게든 그것만은 막으려고 반년 동안 끈질기게 협상했습니다. 결국에는 실패했지만요."

"이렇게……갑자기."

"그 대신 그쪽에서 제안한 게 사업 매각입니다. 그러니까 망하고 싶지 않으면 TAM을 팔라는 얘기예요."

"네? 팔 것인지 망할 것인지, 둘 중에 하나를 선택하라고 했다고요?"

"그래요. 보통 큰 회사가 작은 회사를 인수하고 싶을 때 자주 쓰는 수법이죠. 비즈니스 세계에서는 흔한 일이에요."

이런 이야기였다. 대기업은 계획적으로 중소기업에 발주금액이나 투자 비용을 해마다 늘린다. 0.5억, 1억, 2억, 4억, 8억 엔이라는 식으로 말이다. 당연히 일시적으로는 중소기업의 이익이 늘어난다. 하지만 이건 대기업이 중소기업을 인수하기 위한 계략일 뿐이다. 그러다가 어느 날 갑자기 중소기업은 대기업으로부터 모든 거래를 중단한다는 연락을 받는다.

중소기업은 난감해진다. 그 시점에서 대기업이 차지하는 매출액이 없으면 도산할 만큼 고정비가 늘어나버렸기 때문이다. 대기업은 그 순간에 합병을 제안한다. 즉 발주량을 믿을 수 없을 만큼 급격하게 늘린 까닭은 몇 년 후에 인수하기 위한 씨뿌리기 작전이었던 셈이다.

간자키는 계속해서 말했다.

"그러니까 TAM은 3년 전 A사의 스폰 비용에 기대기 시작한 시점에서부터 매각해야 하는 운명이었던 겁니다. 그 순간부터 이미 지는 싸움이었어요."

"그럼 이렇게 될 걸 알고 계셨다는 건가요? 정말 너무하시네요……."

"아니, 정말 기가 막히네요. 오히려 당연한 얘기 아닙니까? 시장에 나돌지 않는 제품이나 서비스는 결국 도태됩니다. 그게 자본주의의 원칙입니다."

나는 고개를 숙이고 이렇게 말했다.

"……간자키 씨는 억울하지도 않으세요?"

"억울하냐고요? 뭐가 억울합니까?"

소시오패스, 간자키 슈이치를 그렇게 부르는 사원이 있다는 게 떠올랐다. 그는 쉬지 않고 말했다.

"오히려 우리한테는 잘된 일이죠. 이번 매각으로 출혈을 막을 수 있게 되었으니까요. 게다가 TAM이란 이름도 그대로 쓰기로 했으니까 광고 효과도 기대할 수 있을 거예요. 우리로서는 손해 볼 게 없죠."

"그럼 그곳에서 근무하는 직원들은 어떻게 되는 거죠?"

"어떻게 되냐고요? 정직원들도 아니고 관두고 싶으면 관두면 됩니다. 그건 문제 될 게 없고, 지금 이 자리에서 논의할 만큼 별로 중요한 이야기도 아닌 것 같은데요?"

"어떻게 그런 말씀을……. 그 사람들도 우리 동료 아닌가요!"

나는 우에노 안나를 바라봤다. 지금 그녀는 무슨 생각을 하는 걸까?

"사장님은 괜찮으신가요?"

"나도 찬성했어요."

"찬성하셨다고요? 아니, 어떻게 사장님까지……."

"간자키 씨는 그렇게 말했지만, 저는 오히려 반대로 생각했어요. TAM에는 200명이 일하고 있습니다. 만약 A사의 제안을 받아들이지 않았다면 그분들의 고용을 보장할 수 없었어요. 아오노 씨는 이게 최선이었다고 생각하지 않나요?"

그녀의 말을 들으니 머릿속이 복잡해졌다.

경영은 의사 결정의 연속이라고 한다.

나에게는 보이지 않는 세계가 그들에게는 보이는 걸까? 이전에 겐이 공감력에 따른 의사 결정은 위험하다고 했던 건 지금과 같은 상황을 두고 한 말이었을까?

"자, 이게 마지막 안건이죠? 그럼 마치겠습니다."

간자키 슈이치가 그렇게 말하자 회의는 끝났다. 내 의견은 통과되지 못했다. 나중에 겐은 이렇게 말했다. 자본주의 경제에서는 실행력＞공감력이고, 가족 경제에서는 공감력＞실행력이라고 말이다.

네가 있었기에 지금의 내가 있다

나는 사무실 옥상에서 거리를 바라보았다.

시원한 바람이 불어왔다.

결국 내 의견은 받아들여지지 않았다. 하지만 이상하게도 후회는 없었다. 반년 동안 후회 없이 일했기 때문이다. 업무에 죽기 살기로 매달린 건 입사 이래 처음이었다.

"아오노 씨."

뒤를 돌아보니 우에노 안나가 서 있었다. 우리는 벤치에 나란히 앉았다.

"저기, 아오노 씨한테 할 말이 있어요."

"저도요."

"그래요? 뭔데요?"

"사실은 저, 회사를 그만두려고요."

"네?"

"이번 일로 확신이 들었거든요. 이 회사에서 제가 할 일은 이제 다 끝난 것 같아요."

이게 솔직한 내 마음이다.

아마도 나는 공감의 신이라고 불리는 존재이리라. 천재를 빠르게 찾아내고, 그들을 돕는다. 그게 내 사명이자 역할이라고 생각한다. 하지만 이 회사에서는 더 이상 그 역할이 필요 없어졌다.

"10년 동안 줄곧 사장님을 응원하고 돕는 일만을 생각했어요. 그런데 이제 제 역할은 여기까지인 것 같아요. 사장님도 이 회사도 충분히 커졌으니까요."

우에노 안나는 살짝 슬픈 표정을 지으며 "그런가요?" 하고 중얼거렸다. 그리고 이어서 말했다.

"갈 곳은 정했어요?"

"아뇨, 아직이요. 하지만 분명 어느 시대나 어느 장소에나 새로운 재능을 가진 사람은 나타나게 마련이잖아요. 아무도 그걸 알아채지 못했을 때 발견하고 지지하는 일, 저는 그런 일을 하고 싶어요."

"아오노 씨답네요."

"감사합니다. 사장님이 하실 말씀은 뭔가요?"

"아아, 내 이야기는 별거 아니니까 신경 쓰지 마세요. 그보다 꼭 전하고 싶은 말이 있어요."

"?"

"지금까지 정말로 고마웠어요."

나는 울음이 터질 것 같았다. 지금까지 계속 지지해온 그녀와 헤어져야만 한다. 하지만 분명한 건 이건 슬픈 이별이 아니다. 모두가 행복해지는 길이리라. 나는 터져 나오는 눈물을 간신히 참으며 말했다.

"저야말로, 저야말로 감사했습니다."

그녀는 웃으며 마지막 인사를 건넸다.

"아오노 씨가 있었기 때문에 지금의 내가 있을 수 있었어요. 그 고마움만큼은 절대로 잊지 않을게요. 나를 발견해준 사람은 누가 뭐라 해도 아오노 씨예요."

계절은 다시 돌아온다

10년 후.

"그럼 다음 분 들어오세요."

말이 끝나자마자 회의실 문이 열렸고, 캐주얼한 차림의 젊은이가 들어왔다.

"자기소개해주세요."

"저는 게이오기주쿠대학에 재학 중인 ○○라고 합니다. 테니스 동아리에서 활동했고……."

결국 10년 전 그날 밤, 겐은 원래 자리로 돌아갔다. 집에 돌아가자 식탁 위에는 '이제 내 자리로 돌아갈게 멍'이라고 적힌 편지가 놓여 있었다.

그리고 그해 연말에 우에노 안나는 대표 자리에서 물러났고, 이듬해에는 회사를 그만뒀으며, 곧바로 새로운 회사를 차렸다. 그 회사도 7년 만에 성장할 만큼 성장했다. 나는 새로 들어간 회사에서 인사 겸 광고를 담당하고 있다. 지금 회사 사장의 능력에 한눈에 반해서 직원이 다섯 명밖에 안 되는 작은 회사에 입사했다.

지금은 직원이 300명이나 된다.

"그럼 다음 분, 자기소개해주세요."

면접관이 말하자 왠지 내성적이고 혼자 무언가에 몰두하는 것을 좋아할 것 같은 청년은 이렇게 입을 열었다.

"저, 저를 알고 싶으시면 이걸 봐주세요."

청년은 가방에서 뭔가를 꺼냈다. 그것은 다름 아닌 안경이었다. 청년은 말했다.

"이 안경은 말을 잘 못하는 사람이나 부끄러움이 많고 내성적인 사람들을 위해 만든 것입니다……."

"뭐, 뭐라고요?"

면접관은 의아한 표정을 지었다.

"자신의 생각을 이 렌즈 색을 통해서 상대방에게 전달할 수 있습니다……저, 저처럼 부끄러움이 많고 내성적인 사람들을 위해서 만들었습니다."

면접관은 추궁하듯 질문을 쏟아냈다.

"그건 니즈가 얼마나 되나요? 시장 규모는요?"

"시, 시장 규모 말씀인가요?"

"게다가 애초에 면접을 보러 오면서 정장도 안 입은 건가요? 그 옷차림으로 어떤 점을 어필하고 싶은 거죠?"

"음, 그러니까……."

젊은 면접관은 '이 친구 안 되겠네'라는 표정을 지으며 나를 쳐다봤다. 나는 면접관을 제지하고, 그 학생에게 말했다.

"재미있는데요. 좀 더 얘기해줄래요?"

"네……?"

"아주 흥미로워요. 그러니까 좀 더 얘기해주세요."

창밖으로 보이는 벚꽃의 색은 그날과 같을까?

"네, 알겠습니다!"

청년의 얼굴이 웃는 얼굴로 바뀌었다.

왜 스토리텔링 방식을 선택했나?

본문에 나오는 등장인물에게는 모두 저마다의 역할이 있습니다. 여러분은 누구와 가장 가까운가요? 그리고 누구를 응원하며 책을 읽었나요?

우에노 안나: 천재, 괴로워하는 천재.
간자키 슈이치: 수재, 엘리트 슈퍼맨.
우에야마: 수재, 조용한 살인자.
요코타: 범인, 최강의 실행자.

아오노 도루: 범인, 공감의 신.

겐: 천재, 모든 것을 깨달은 자.

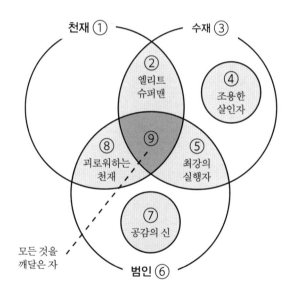

< 그림 19 > 본문에 나오는 등장인물

천재

창의력에 가치를 두는 부류. 타인에게 공감하는 능력이나 설명력이 부족하고, 다수결의 힘으로 조직에서 배제되는 경우도 많다.

수재

조직이나 팀에 실행력을 불어넣는 천재의 파트너. 다만 천재에게 강렬한 콤플렉스를 갖고 있기도 하다.

범인

타인의 마음을 헤아리고, 서비스나 회사에서 공감을 만들어내는 힘이 강한 사람. 다만 때로는 이노베이션을 약화시키기도 한다.

괴로워하는 천재

단판 승부 기질의 크리에이터 타입. 범인의 마음을 이해하는 다정함을 가지고 있지만 실행력이 없고, 기복이 심하다.

엘리트 슈퍼맨

뛰어난 창의력과 논리력을 겸비한 엘리트. 투자은행 같은 곳에서 많이 볼 수 있다. 공감력은 제로에 가깝다.

최강의 실행자

뭘 해도 잘하는 요령이 아주 좋은 인물. 그 덕분에 많은 사람을 끌어들인다. 가장 인기 있는 존재.

모든 것을 깨달은 자

창의력, 실행력, 공감력, 이 모든 것을 겸비한 존재.

조용한 살인자

수재의 한 부류. 논리와 효율을 무기로 은근히 조직을 해친다. 매우 위험한 존재.

공감의 신

범인 타입의 마지막 진화 계통. 공감력이 매우 뛰어나서 누가 천재인지를 판별할 줄 아는 드문 존재.

< 그림 20 > 본문에 나오는 등장인물

제가 비즈니스 책을 스토리텔링 방식으로 쓴 것은 이번이 두 번째입니다.

이렇게 스토리텔링 방식을 띤 비즈니스서는 위험한 면이 있습니다. 이 분야의 책을 즐겨 읽는 독자들은 노하우나 결론을 빨리 얻고 싶어 하는 사람도 많으니까요. 그런데도 이 방식으로 책을 쓴 건 두 가지 이유 때문입니다.

첫째는 재능론을 그저 '점(占)'으로 간주하고 싶지 않았기 때문입니다. 세상에는 수많은 자기분석 검사나 재능에 관한 책이 있습니다.

그런데 그 대부분이 아인슈타인 같은 과학자나 마이클 조던 같은 운동선수, 아니면 스티브 잡스 같은 현실과는 동떨어진 천재를 사례로 든 것이더군요.

그러다 보니 읽으면 재미는 있지만 실제 비즈니스 현장에 어떻게 적용하면 좋을지를 잘 모르겠더라고요.

그래서 저는 실제 비즈니스 현장에서 세 가지 재능이 어떻게 활용되는지 독자들이 상상할 수 있도록 하고 싶었습니다. 이것이 첫 번째 이유입니다.

둘째는 재능을 되도록 단순하게 전달하기 위해서입니다.

이 책에서는 재능을 크게 세 가지로 나누고 있습니다. 창의력,

실행력, 공감력이죠. 세상에 존재하는 자기분석 검사나 재능에 관한 책은 재능의 종류를 스무 가지에서 서른 가지 이상으로 분류하는 것이 대부분이더군요.

그건 그것대로 마치 '점' 보는 것처럼 자신을 알기 위해서는 좋은 수단이지만, 실제로 어떻게 업무에 활용할 것인지는 해결해주지 않습니다.

저만 하더라도 이런 자기분석 검사를 받아보면 항상 '감수성이 풍부하다', '호기심이 강하다'는 결과가 나옵니다. 이것은 아마 사실일 테지만, 한편으로 '그러면 일할 때는 구체적으로 그것을 어떻게 활용할 수 있을까?', '재능의 종류가 너무 많아서 잘 모르겠다'는 의문이 생기더라고요.

조직이 어떤 이론을 바탕으로 변하기 위해서는 먼저 공통 언어가 있어야 합니다. 인사 고과를 예로 들어보면 '그 사람은 X 등급 중에서 A+다'라는 식으로 모두가 납득할 만한 언어로 표현할 수 없으면 안 됩니다. 이때 중요한 것이 단순함입니다.

스무 가지나 서른 가지가 있으면 쉽게 외우기도 어렵고, 상당한 수고를 들이지 않으면 이해할 수 없기 때문에 공통 언어가 될 수 없습니다. 무엇보다 제가 실무자이기 때문에 이 점을 통감하고 있죠. 바꿔 말하면 이론은 아주 단순한 것이 아니면 실행력이 약하다는 말입니다.

또 하나 저는 재능을 단순하게 설명하기 위해 심사숙고한 끝에 '직종과 단계(phase)'라는 개념을 사용했습니다.

본문에서 언급한 것처럼 모든 일은 '만들고, 정비하고, 판매한다'는 세 가지 요소가 얽혀 있습니다. 이 요소들을 바탕으로 재능을 결합시킴으로써 창의력이 어느 단계의 어떤 일에 도움이 되는지, 실행력은 어떤지, 공감력은 어떤지를 가능한 한 알기 쉽게 정리했습니다.

그리고 다음과 같은 결과를 도출했습니다.

창의력이 뛰어난 사람은 신규 사업, 신규 개척 같은 부서나 회사와 잘 맞는다.

실행력이 뛰어난 사람은 관리 부문, 매니저 등 조직을 확대하거나 이익 개선이 필요한 부서와 잘 맞는다.

공감력이 뛰어난 사람은 영업, 마케팅, 홍보, 인사 등 많은 사람들과 커뮤니케이션을 주고받는 업무와 잘 맞는다.

또 이런 분류법은 '일=직종×단계'라는 생각에서 비롯되었습니다.

일=직종×단계

저는 직업상 다양한 사람들에게 취업이나 이직 상담을 해주고 있습니다. 그중에는 '저는 아이디어를 내는 데 자신이 있어서 기획직을 선호해요. 영업직은 질색이에요'라든가 '저는 행동력 하나는 뛰어나기 때문에 영업직이 좋아요. 관리 쪽 일은 무리예요'라고 말하는 사람도 있지요. 그분들은 사실 진실의 일부밖에 보지 못하는 거예요. 그 이유는 단순합니다. 어떤 일에나 '만들고, 정비하고, 알린다'는 단계가 존재하기 때문입니다. 바꿔 말하면 일이란 '직종×단계'인 거죠.

예를 들어 영업직 하나만 봐도 대기업과 벤처기업에서 요구하는 자질이 완전히 다릅니다.

대기업 영업직은 문자 그대로 정형화된 것을 판매하는 일을 합니다. 따라서 실행력이 가장 필요하죠.

그에 비해 벤처기업 영업직은 '새로운 것을 만들면서 어떻게 판매할 것인가' 하는 인사이트가 있어야 합니다. 소비자들에게 잘 알려지지 않은 물건을 팔아야 하는 데다가 클라이언트에게 받은 피드백을 수용하면서 문자 그대로 판매 방법도 제품도 만들어가야 하니까요.

이처럼 같은 직종이라도 단계가 다르면 필요한 재능도 달라집니다.

마케팅도 마찬가지입니다. 획일적인 홍보 방식이 익숙한 회사에서 요구하는 자질은 창의력이 아니라 오히려 알리는 부분, 즉 실행력입니다. 혹은 총무부 직원이라고 해서 창의력이 전혀 필요치 않다고 단언할 수도 없습니다.

물론 직종에 따라 차이는 있겠지만, 어떤 일이든 크건 작건 간에 사실은 창의력과 실행력과 공감력이 필요합니다.

만약 일이 재미없고 하고 싶은 게 뭔지 모르겠다면 단계에 따라 필요한 능력이 달라진다는 사실을 간과하고 있기 때문은 아닌지, 한번쯤 생각해보세요.

내 안에도 '천재'가 들어 있다

그러면 왜 이런 사실을 간과하는 걸까요?

그 이유는 재능에 대한 지나친 확신과 창의력을 없애는 존재 때문이죠.

우리는 평소에 재능이 있는 사람은 나랑은 거리가 먼 특별한 존재라고 무의식적으로 생각하는데, 이러한 사고가 재능에 대해 지나치게 확신하게 만듭니다.

텔레비전이나 잡지, 인터넷에서는 성과를 낸 후의 천재 이야기에 초점을 맞춥니다. 물론 그들의 노력이나 고뇌도 담겨있지만 그것은 극히 일부분일 뿐이죠.

대부분의 천재는 성장 과정에서 공감의 신에게 지지를 받고, 거기에 후천적으로 '단련된 무기'나 '활약의 장'을 얻고 나서야 비로소 빛나기 시작합니다. 하지만 그 과정을 모두 정확히 이해하는 것은 어지간한 마니아가 아니면 불가능합니다.

그 때문에 독창적인 사고는 지극히 한정된 일부 천재만이 할 수 있다는 인식이 생겨나는 거죠.

또한 창의력을 발휘하려고 하는 사람에게 세상은 참으로 엄격합니다. 이 엄격한 세상이 바로 창의력을 없애는 존재입니다.

잘 알다시피 우리 사회는 새로운 일이나 남들과 다른 일을 하는 사람을 꼭 반기진 않습니다. 물론 어느 정도 그 분야에서 성과를 내면 선구자로 인정하고 환대하죠. 하지만 이런 경우나 우연히 어린 시절 재능을 알아보는 공감의 신을 만난 경우는 특별합니다.

그들은 정말로 운이 좋았던 거죠. 대부분의 사람은 새로운 일을 하려고 할 때 주위로부터 공격을 받는 경우가 많습니다. 그 결과, 새로운 일을 하는 건 손해라고 학습하고 스스로 창의력의 싹을 잘라버리고 말죠.

우리는 이런 구조 안에서 살아가고 있습니다. 다만 이것은 학교가 실행력과 공감력을 바탕으로 가르치는 장소인 이상 아무래도 개선하기 어려운 면이 있습니다.

일본의 현상 그 자체

평소 대기업과 벤처기업, 양쪽을 다방면으로 바라보는 사람으로서 오늘날 많은 나라의 양상이 달라졌다는 데 통감합니다.

이것은 세대 간의 바통 터치라고도 말할 수 있죠. 고도 경제성장기에 경제를 이끌어온 천재들은 나이를 먹어 은퇴하고, 그 바통은 수재들의 손으로 넘어갔습니다.

결과적으로 오늘날 많은 나라는 어떤 의미에서 수재가 천재를 어떻게 취급하느냐에 따라 조직의 운명이 결정되는 시대에 돌입했습니다.

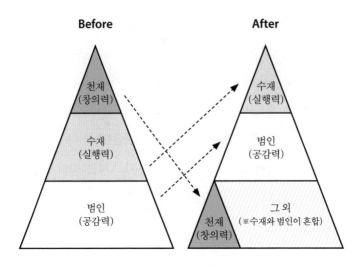

< 그림 21 > 천재의 시대에서 수재의 시대로

　그들이 만약 천재에 대한 콤플렉스를 극복하고, 과학의 올
바른 사용법을 마스터한다면 조직은 부활할 수 있습니다. 하
지만 실행력을 바탕으로 자신을 지키는 데만 치우쳐버리면
조직은 이노베이션을 일으키지 못하고, 부패나 부정의 소용
돌이에 말려들 겁니다.

　그런 의미에서 오늘날 기업에 필요한 것은 과학을 올바른
방향으로 다룰 수 있는 높은 교양을 가진 수재와 공감의 신,

그리고 새로운 것을 만드는 천재, 이 세 사람입니다.

이 책에는 공감의 신인 아오노에게 지지를 받은 천재 우에노 안나가 일찍이 활약했던 시대부터 수재 간자키 슈이치에게 경영의 바통을 넘겨주는 과정을 담고 있습니다.

즉 두 사람의 역할은 끝났고, 다시 한번 새로운 것을 만드는 여행을 떠나야 하는 거죠. 바로 이것은 많은 나라의 대기업이 이노베이션을 하는 데 괴로워하는 사이, 거기에서 슬쩍 빠져나온 젊은이들이 새롭게 창업을 시작하는, 현재 상황 그 자체인 듯싶습니다.

바꿔 말하면 이 책은 많은 조직이 안고 있는 문제를 낱낱이 파헤치고 집약하여 90분 만에 읽을 수 있는 이야기로 만드는 것을 목표로 삼았습니다.

출판업계에도 이노베이션이 필요한 거 아닐까?

마지막으로 이 책의 원문이 되는 칼럼(〈범인이 천재를 죽이는 이유〉)은 블로그에 공개하자마자 순식간에 퍼져서 엄청난 반향을 불러일으켰습니다.

그 과정에서 수많은 저명인사로부터 칭찬의 말을 들었습니다. 예를 들면 운동선수 다메스에 다이(為末大) 씨, 전 마이크로소프트 일본법인 대표이사 나루케 마코토(成毛眞) 씨, 콘페리 헤이 그룹(Korn Ferry Hay Group) 시니어 파트너 야마구치 슈(山口周) 씨, 만화『왼손잡이 에렌(左ききのエレン)』의 원작자 갓피(かっぴ) 씨 등 정말로 많은 사람들이 메시지를 보내주었습니다.

이 반응을 보면서 저는 용기가 생겼습니다.

그리고 제 안에는 피가 들끓었습니다.

'이 생각을 실천해보고 싶다.'

'이 이론을 출판업계에 적용해보면 어떨까?'

이 이론이 타당하다면 출판업계도 지금, 바로 천재에서 수재로 바통이 넘어가는 시기에 돌입했다고 생각했기 때문입니다. 바꿔 말하면 이노베이션이 필요한 시대죠.

그렇다면 이 책을 실험대로 삼아 새로운 책을 만들어볼 수 있지 않을까? 그것이 출판계 마케팅을 바꾸는 열쇠가 되지 않을까? 그 당시에 저는 이렇게 생각했습니다.

저는 스니커즈를 신은 채 즉시 시부야에서 오테마치大手町, 일본 금융 경제의 중심지로 관공서와 언론사가 밀집되어 있다 - 옮긴이로 향했습니다.

그리고 이 책의 출판사인 일본경제신문 편집자와 만나 직접 담판을 지었죠. 그 결과, 만들어진 것이 이 책 뒷부분에 실린 부록입니다.

보통 책은 정보 전달 방식이 일방적인 화살표가 되기 쉽습니다. 저자와 독자 사이에는 명확한 '→'가 존재하죠. 저자는 정보를 내보내고, 독자는 그 정보를 그저 받아들일 뿐입니다. 책이나 텔레비전 등 전통 미디어는 어디까지나 한방향 매체입니다.

그러나 요즘 사람들은 참여할 수 있는, 여백의 미디어를 원합니다. 페이스북, 트위터, 인스타그램 등을 보면 더욱더 분명하게 알 수 있죠. 이런 사례들이 아니더라도 유저 참여형 웹 미디어가 늘어나는 추세만 보더라도 알 수 있습니다.

그래서 새로운 책을 만드는 방법으로 이 책의 맨 끝에 〈범인이 천재를 죽이는 이유〉를 먼저 읽은 네티즌들의 감상을 거의 그대로 실었습니다. 즉 독자가 참여할 수 있는 책을 만들어본 거죠.

부디 여러분이 느낀 점과 다른 사람이 느낀 점을 비교해보면서 이 책을 다시 한번 즐겨준다면 더할 나위 없이 기쁠 것 같습니다.

"왜 이 책을 쓰셨어요?"

이런 질문을 받으면 저는 이렇게 대답합니다.

"사람의 가능성을 무시하는 사회에 분노를 느껴서요"라고 말이죠.

저는 누군가가 새로운 일에 도전할 때 훼방을 놓거나 발목을 잡는 사람 혹은 대상에 극심한 분노를 느낍니다.

세상에는 국적이나 직업, 출생 등 '그 사람 탓이 아닌 이유'만으로도 발목 잡히는 경우가 여전히 많습니다. 저는 어렸을 때부터 그런 환경이나 상황을 보면 분노가 치밀어 올랐어요. 제 마음속 깊은 곳에서 사람이 갖고 있는 가능성, 내가 갖고 있는 가능성을 믿고 싶다는 집착이 있었던 것 같아요.

바꿔 말하면 이 책도 다음 책도 제가 쓰는 작품은 쭉 지금 도전하려고 하는 사람에게 바치는 책입니다(전작『이 회사 계속 다녀도 괜찮을까(転職の思考法)』)도 그랬습니다).

당신의 소중한 친구가 새로운 일에 도전하려고 할 때, 가족이 목표를 향해 노력하고 있을 때, 소중한 사람이 새로운 한 걸음을 내디디려 할 때, 그 끝에는 눈에 보이지 않는 많은 고통과 방해물이 존재합니다. 그런데 만약 그 도전을 함께 응원하는 책이 있다면 정말 멋진 일이 아닐까요? 그래서 이 책을 썼습니다.

만약 이 책이 재미있으면 당신 주변에 새로운 도전을 하려고 하는 사람에게 살짝 소개해주세요. 그것만으로도 도움을 받는 사람이 분명 있을 테니까요.

마지막으로 이 책을 집필하기까지 정말 많은 분에게 도움을 받았습니다. 먼저 전작에 이어서 힘을 보태준 하세가와 다카하루(長谷川嵩明) 씨, 데라구치 고다이(寺口浩大) 씨, 이와사키 요시히토(岩崎祥大) 씨, 가타미 도키오(片見斗希生) 씨, 쓰쿠라 노리마(津倉德真) 씨, 진심으로 감사합니다. 앞으로도 같은 또래의 동료로서 함께해주길 바랍니다. 그리고 이번부터 새롭게 도움을 주신 다이 마리코(代麻理子) 씨, 초우차오슌(鄒潮生) 씨, 오시키리 가나코(押切加奈子) 씨, 시노하라 마이(篠原舞) 씨에게도 깊이 감사드립니다. 여러분의 긍정적이고 적극적인 에너지와 지혜가 많은 도움이 되었습니다.

그리고 블로그에 리뷰를 남겨준 분들에게도 이 자리를 빌려 다시 한번 감사의 말씀을 드립니다. 여러분의 도움이 있었기에 비로소 이 책을 완성할 수 있었습니다. 숙련된 편집자인 사쿠라이 야스유키(桜井保幸) 씨는 젊은 저에게 이런 멋진 기회를 주셨습니다. 또한 예전부터 다메스에 다이 씨에게도 좋은 스승으로서 늘 조언을 받고 있습니다. 깊이 감사드립니다.

마지막으로 지금까지 지지해준 가족과 언제나 응원해주는 모든 분들에게도 감사합니다. 지금의 제가 있는 것은, 진심으로 여러분 덕분입니다.

기타노 유이가

범인이 천재를 죽이는 이유

어떻게 '천재'를 지킬 것인가?

'왜 우리는 어느 순간 창의력을 잃어버리는 걸까?'

이 세상에는 천재라고 불리는 사람이 있다.

천재는 이 세상을 좋게도 나쁘게도 만드는 경우가 많다. 그런데 그들은 변혁을 시도하는 도중에 살해되는 경우도 많다. 물리적인 의미에서도 그렇고 정신적인 의미에서도 그렇다.

이전부터 그 메커니즘을 풀어내고 싶었다. 그리고 마침내 깨달았다.

천재는 범인에게 살해당하기도 한다. 그리고 그 **이유의**

99.9%는 커뮤니케이션의 단절 때문이며, 그것은 **대기업이 이노베이션을 일으킬 수 없는 이유와 같은** 맥락이란 걸 말이다.

이게 무슨 뜻일까?

천재와 수재와 범인의 관계를 그림으로 그리면 이렇게 된다

먼저 천재와 수재와 범인의 관계를 정리하면 다음과 같다.

먼저 천재는 수재에게 관심이 없다. 그런데 **의외로 범인에게는 이해받고 싶어 한다.**

왜냐하면 천재의 역할은 세상을 발전시키는 것이며, 그것은 범인의 도움 없이는 불가능하기 때문이다. 게다가 상업적인 성공의 대부분은 대다수를 차지하는 평범한 사람이 쥐고 있는 경우가 많다. 덧붙이자면 어린 시절부터 천재는 범인에게 별나다고 취급받거나 괴롭힘을 당하는 경우도 많아서 그에 대한 보상 심리로 이해받고 싶다고 갈구하는 것이다.

하지만 반대로 **범인→천재에 대한 감정은 차가운 것**이다.

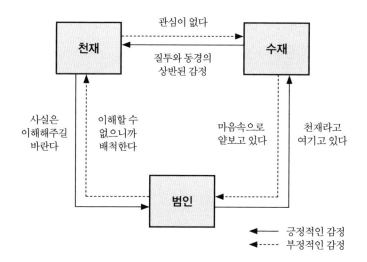

〈 그림 22 〉 천재 · 수재 · 범인의 관계

범인은 성과를 내기 전까지는 천재를 괴짜라고 여기기 때문에 알게 모르게 배척하려는 경향이 있다. 이 '천재⇄범인' 사이에서 일어나는 커뮤니케이션의 단절이야말로 천재를 죽이는 요인이다.

커뮤니케이션의 단절은 '축과 평가' 두 가지 기준에서 일어날 수 있다

애초에 커뮤니케이션의 단절은 '축과 평가', 이 두 가지 때문에 일어난다.

- 축: 그 사람이 가치를 판단하는 데 전제가 되는 것. 절대적
- 평가: 축을 바탕으로 Good이나 Bad를 평가하는 것. 상대적

예를 들면 당신은 축구를 좋아하는데 친구는 축구를 싫어한다고 하자.

두 사람이 싸웠다. **이때 커뮤니케이션의 단절은 평가 때문**이다. 구체적으로는 상대방의 생각에 공감하느냐 못 하느냐로 결정된다. 가시마 앤틀러스가 좋다는 평가에 공감하면 Good이고, 공감하지 못하면 Bad이다.

그런데 이 평가는 바뀔 수 있다.

이를테면 당신과 친구는 밤새도록 대화를 나누고, 당신이 가시마 앤틀러스의 매력을 프레젠테이션했다고 하자. 친구는 그 이야기를 듣고 엄청 공감했다. 이때 Good과 Bad라는

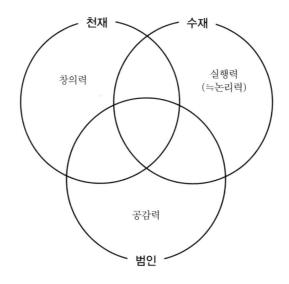

＜ 그림 23 ＞ 천재와 수재와 범인의 '축' 차이

평가가 바뀔 것이다.

　이처럼 **'Good or Bad라는 평가'는 상대적인 한편, '공감
하느냐 못 하느냐로 결정되는 것'은 절대적**이다. 평가는 대화
에 따라 달라질 때도 있지만 축은 바뀌지 않는다. 따라서 축
이 다른 것 때문에 생기는 커뮤니케이션의 단절은 하염없이
평행선에 가까운 것이 된다.

그리고 천재와 수재와 범인은 이 축이 근본적으로 다르다. 천재는 창의력으로 일을 평가한다. 그 반면에 수재는 실행력(≒논리력), 범인은 공감력으로 평가한다.

좀 더 구체적으로 말하면 **천재는 '세상을 더 좋게 만든다는 의미에서 창조적인가'**로 평가를 내린다. 그에 비해 **범인은 '그 사람이나 생각에 공감할 수 있는가'**로 평가를 내린다.

이처럼 천재와 범인은 축이 근본적으로 다르다.

원래 축에 우열은 없다. 그런데 문제는 머릿수 차이이다. 인간의 수는 범인 ≫≫≫≫ 천재이며, 이들은 수백만 배 가까이 차이가 난다. 그러므로 **범인이 마음만 먹으면 천재를 죽이는 건 일도 아니다.**

역사상 인물로 가장 이해하기 쉬운 예를 들자면 예수 그리스도가 있다.

대기업에서 이노베이션이 일어나지 않는 이유는 세 가지 축을 하나의 KPI로 측정하기 때문이다

그리고 최근 이것은 대기업에서 이노베이션이 일어나지 않

항목	창의력	실행력	공감력
비즈니스에서 말하는 가치 사슬	창조하고	확대하고	수익을 창출한다
담당하는 주요 인물	천재	수재	범인
가치를 측정하기 위한 지표	??? (적절한 KPI가 없다)	사업 KPI (CVR, LTV, 방문 수, 생산성 등 프로세스 KPI)	재무/회계 KPI (PL, BS에 실을 수 있는 KPI)

< 그림 24 >

는 메커니즘과 완전히 똑같다는 사실을 깨달았다. 즉 대기업에서 이노베이션이 일어나지 않는 이유도 세 가지 축을 하나의 KPI로 측정하기 때문이다.

예전에 내가 대기업에서 근무했을 때, 경영기획자로서 사내 이노베이션 콘테스트에 참가한 적이 있었다. 그때 심한 위화감을 느꼈는데, 당시에는 그 이유를 몰랐다가 지금 몸담고 있는 스타트업에 오고 나서야 깨달았다.

그것은 바로 혁신적인 사업은 기존의 KPI로는 절대로 측정할 수 없다는 사실이다.

모든 위대한 비즈니스는 '만들고→확대하고→수익을 창출'하는 과정을 거치는데, 각 단계에 적합한 KPI(key performance indicator)는 다르다. 그중에서 확대와 수익을 창출하는 단계의 KPI는 그럭저럭 이해하기 쉽다.

확대는 사업 KPI로 볼 수 있고, 수익을 창출하는 단계는 재무/회계 KPI로 측정할 수 있다. 경영학이 발전함에 따라 프로세스가 충분히 과학화되었기 때문이다(자세한 내용은 앞의 표를 참고하기 바란다).

문제는 창의력이다.

바꿔 말하면 천재인지 아닌지를 측정하는 지표가 없다는 뜻이다.

창의력은 직접 측정할 수 없지만, 범인으로부터의 반발의 양을 통해 간접적으로 측정할 수 있다

결론을 말하자면 창의력은 직접 측정할 수 있는 게 아니다. 애초에 창조적인 것은 기존 틀에 들어맞지 않기 때문에 프레임이 존재하지 않는다.

그러나 어떤 방법을 사용하면 간접적으로는 측정할 수가 있다. 바로 반발의 양이다.

예를 들어 에어비앤비나 우버도 처음 서비스를 시작했을 때 사회로부터 강렬한 반발을 샀다. 그리고 위대한 예술 작품이 탄생하려면 어떤 종류의 위험을 감수해야 한다. 즉 범인의 감정을 관찰해보면 창의력이 어느 정도인지를 대충 알 수 있다.

이것을 비즈니스 언어로 말하면 이렇다.

원래 기업이 파괴적인 이노베이션을 일으키려면 반발의 양(과 강도)을 KPI로 삼아야 하는데, 이것은 일반적으로 불가능하다. 왜냐하면 대기업은 수많은 범인(=평범한 사람)이 지탱하고 있는 비즈니스 세계이기 때문이다. 반발의 양을 KPI로 삼고, 이노베이션을 가속화하는 일은 자기 회사를 망치는 위기가 된다. 이것이 바로 클레이튼 크리스텐슨이 설명한 파괴적 이노베이션 이론을 바탕으로 한 조직의 역학 관계다.

그렇다면 어떻게 하면 좋을까? 어떻게 해야 천재를 지킬 수 있을까?

원래 삼자는 협력하는 경우도 많다. 커뮤니케이션의 축은 다르더라도 사실은 말하는 내용은 같은 경우가 정말로 많다.

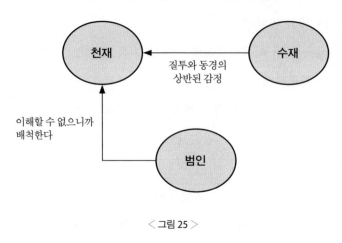

반발의 양을 보면 창의력을 어느 정도 측정할 수 있다

천재

수재

질투와 동경의
상반된 감정

이해할 수 없으니까
배척한다

범인

< 그림 25 >

그러므로 **커뮤니케이션 단절에 따른 천재의 죽음은 불행**할 수밖에 없다.

세상을 지탱하는 세 명의 앰버서더

커뮤니케이션의 단절을 막기 위해 활약하는 인간이 있다.
먼저, **엘리트 슈퍼맨은 뛰어난 창의력과 논리력을 겸비하**

고 있다. 하지만 공감력은 1도 없다. 알기 쉽게 비유하자면 투자은행에 있을 법한 사람이다.

다음으로, **최강의 실행자는 뭘 하든지 잘하는** 요령이 아주 좋은 인물이다. 그들은 논리를 그저 강요만 하는 게 아니라 타인의 마음도 헤아릴 줄 안다. 결과적으로 가장 많은 사람들의 마음을 움직이기 때문에 회사에서는 에이스라고 부른다 (그리고 인기가 제일 많다).

마지막으로, **괴로워하는 천재는 단판 승부 기질이 있는 크리에이터**를 떠올리면 이해하기 쉽다. 뛰어난 창의력뿐 아니라 공감력도 갖고 있어서 범인의 마음도 잘 안다. 또 친절하다. 감각도 대중적이어서 엄청난 히트작을 낼 수 있다. 다만 실행력이 없어서 기복이 심하다. 그래서 창조적인 욕망을 제대로 해소하지 못하면 중독에 빠지기 쉬운 데다가 자학하다 자살하는 경우도 있다.

즉 세상이 무너지지 않는 이유는 이 세 명의 앰버서더가 있기 때문이다.

천재를 도와주는 공감의 신:
대기업에 필요한 젊은 재능과 소통하는 인재 이론

얼마 전, 한 초대기업에서 일하는 사람과 이야기를 하다가 재미있는 사실을 깨달았다.

대기업이 이노베이션을 일으키려면 젊고 재능 있는 사람들과 소통을 잘하는 인재가 필요하다는 것이다. 나는 이것을 '천재와 소통하는 인재 이론'이라 부르고 싶다.

두말할 것도 없이 대기업에서 일하려면 물밑 작업이 정말 중요하다. 새로운 일을 추진하려면 여러 부서 사람들이랑 사전에 커뮤니케이션을 해야만 한다. 그런데 천재는 창의력은 좋지만, 실행력이나 공감력은 별로 없어서 평범한 사람들을 설득하지 못한다. 그래서 엄청나게 애를 먹는다. 천재가 범인을 설득하려면 젊고 재능 있는 인물을 뒤에서 도와주는 사람, 즉 소통을 잘하는 인재가 필요하다.

범인 중에는 공감력이 너무나 뛰어나서 누가 천재인지를 알아보는 사람이 있다. 그런 사람들을 공감의 신이라고 부른다.

공감의 신은 인간관계의 사소한 변화나 움직임을 금세 알

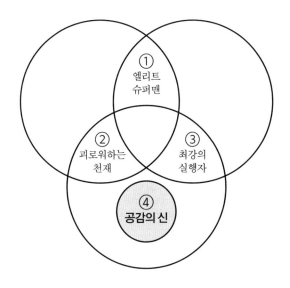

< 그림 26 > 천재를 지지하는 공감의 신

아차린다. 결과적으로 관계도에서 누가 천재이고, 누가 수재
인지를 판별하고, 천재의 마음을 이해하곤 한다. 쉽게 예를
들면 다자이 오사무와 함께 자살한 여자가 그렇다. 만약 그
여자가 없었다면 다자이 오사무는 훨씬 더 빨리 생을 포기했
을 것이다.

대부분의 천재는 세상이 자기를 이해해주지 않는다고 생

각해서 결국에는 죽음을 택한다. 그런데 이 공감의 신이 곁에서 이해해주고 지지해주면 그럭저럭 살아갈 수 있다. **공감의 신은 인간관계의 천재이기 때문에 천재를 격려하고 응원할 수 있다.** 이것이 **인간 역학에서 바라본 세상이 진화하는 메커니즘**이다.

천재는 공감의 신에게 지지받으면서 계속 창작 활동을 할 수 있다. 그리고 천재가 만들어낸 것을 엘리트 슈퍼맨과 수재가 실행력을 통해 현실화하고 결국 최강의 실행자가 사람들에게 공감을 얻는다. 이렇게 해서 세상은 발전해간다.

왜 블로그에 이런 글을 썼을까?

왜 이렇게 알 수 없는 글을 블로그에 썼을까?

전에 한 상장기업의 임원과 이야기할 때, 이런 질문을 받은 적이 있었다.

"기타노 씨, 당신의 블로그는 도대체 뭘 목표로 하고 있는 거죠? 애초에 인재를 발굴하고 등용하는 데에 얼마나 애정이 있는 겁니까?"

두 번째 질문에 답하자면 솔직히 나는 보통 사람들의 취업 지원에는 그다지 큰 관심이 없다. 내가 아니더라도 다른 훌륭한 서비스의 도움을 받을 수 있고, 분명 좋은 회사를 찾을 수 있기 때문이다.

하지만 마이너리티를 지원하는 데에는 관심이 아주 많다. 이 세상, 특히 이 나라에서는 천재라 불릴 법한 '남과는 조금 다른 아이'는 살아가기가 너무 힘들기 때문이다. 내가 만약 그들의 재능을 정확히 이해하고, 지지해줄 수 있다면 그 일에 깊은 애정을 쏟고 싶다. 왜냐하면 나 또한 일본 사회에서 부적응자였기 때문이다.

지금까지는 천재를 격려하고 응원하기 위한 이론이나 학설을 몰랐다. 그런데 이번에 이 글을 쓰다 보니 관련 내용들을 정리할 수 있었고, 결과적으로 단 한 명이라도 천재를 도와줄 수 있다면 이보다 더 의미 있는 일은 없지 않을까? 하는 생각이 들었다.

기업에 대해서도 같은 마음이다. 내가 인재 시장에서 가장 하고 싶은 일 중 하나는, 성장산업에 우수한 인재를 소개하는 것이다. 일본에는 우량하지만 지명도가 없는 스타트업이 아주 많다. 그런 신생 벤처기업을 지원하는 일은 이 사회에 도

움이 될 거라고 확신한다. 지금까지는 그럴 만한 자원이 없었
기 때문에 할 수도 없었지만 드디어 토대를 마련했다. 앞으로
도 나는 이것을 실천해나가고 싶다.

대학교 체육회에서도 천재가 망가졌다

범인에 가까운 엘리트 슈퍼맨, 22세 학생

직장뿐 아니라 최근에 크게 비난을 받은 체육회 부활동^{학교에서} 공식적으로 인정하는 클럽활동을 뜻함. 성과를 내는 게 주목적으로 학교에서 지원을 많이 하며 선후 배 관계나 훈련 등이 엄격하다 - 옮긴이에서도 망가진 천재를 봤습니다. 저는 한 대학의 무술 관련 체육회에 속해 있습니다. 역사도 길고 OB^{Old Boy의 약자로, 그 학교의 졸업생, 특히 부활동 등에 소속되어 있다가 은퇴한 사람을 칭하} 는 경우가 많다 - 옮긴이들이 많이 속해 있죠. 이곳에서 제가 만난 천재 는 한 OB입니다. 그분(A 선배라고 할게요)은 자기 회사를 차려

대성할 만큼 완전히 혁명아였습니다.

A 선배는 언젠가부터 연습 내용이나 OB 모임의 조직, 재무 등에 참견을 했습니다. 그는 최신 스포츠 과학 이론을 구태의연한 부활동에 반영하자고 제안했는데, 그것은 대기업이나 화제가 된 벤처기업의 조직 운영을 모델로 삼아 OB 모임의 비효율적인 운영 체계를 개혁한다는 획기적인 내용이었죠. 학생들도 이 개혁으로 계속 활동이 부진했던 우리 모임에 활력이 솟지 않을까 하는 기대감에 부풀어 있었습니다.

하지만 A 선배를 달갑게 여기지 않은 OB들이 부추겨서 A 선배의 개혁안을 망쳐버렸습니다. 이 글을 읽다 보니 OB들은 오랫동안 대기업에서 공감력을 축으로 일한 범인이었기 때문이 아닐까 하는 생각이 들더군요. 저처럼 이 글을 보고 사회에서 평화롭게 지내려면 범인인 척하며 살아야 한다고 느낀 학생들도 있을 겁니다.

시간 제약이 이노베이션을 방해하고 있다

다카도 슈헤이(高堂周平), 33세 영업직

〈범인이 천재를 죽이는 이유〉라는 칼럼을 읽고, 머리를 한 대 얻어맞은 기분이었다.

범인은 자각하지 못한 채 천재를 죽인다. 낯선 것, 이해할 수 없는 것에 대해 두려움을 느끼는 건 인간의 본능이니까.

그러면서도 한편으로는 천재를 동경한다. 또 마음속으로는 수재가 되고 싶다고 생각한다. 범인의 복잡한 심리를 꿰뚫는 이 칼럼은 여러 가지 면에서 내 마음을 뒤흔들었다.

이 글을 읽으면서 우리 회사의 이노베이션을 가로막는 건 무엇일까 생각해봤는데, 그것은 바로 '시간'이었다.

우리 회사도 다른 회사와 마찬가지로 사내 개혁을 강력하게 주장하고, 신제품 개발을 목청껏 호소하고 있지만 몇 년째 바뀐 건 없다. 사람들 역시 그저 주어진 할당량과, 지금 하는 일과 별로 다를 것 없는 업무만 처리할 뿐이다.

새로운 아이디어가 하룻밤 사이에 세상을 바꾸는 게 아닌 이상, 시간에 따른 제약이야말로 이노베이션을 방해하고 있다고 생각한다.

나도 할 수 있는 일이 있다

다이마리, 32세 임원 비서직

천재가 될 수는 없다. 수재도 될 수 없으리라. 다만 공감자라는 입장에서 천재를 죽이지 않는 일은 할 수 있을 것 같다. 이 글은 천재도 수재도 엘리트 슈퍼맨도 최강의 실행자도 아닌 나에게 그런 생각을 하게 만들었다. 천재가 고안한 아이디어에 함께 흥미를 갖고, '그것참 좋은데!'라고 공감함으로써 천재의 재능을 최대한으로 살릴 수 있다. 공감자를 비롯해 실행자와 같은 존재가 있어야 비로소 세상의 모든 천재는 계속해서 천재로 남을 수 있다는 점을 이 칼럼을 통해 알게 되었다. 그리고 내가 비록 천재는 아니지만 나도 할 수 있는 일이 있다는 사실을 명확히 깨달았다.

사람은 저마다 자신에게 걸맞은 활약 방법이 있다

무라타 유스케(村田優介), 22세 학생

○ 최강의 실행자='#다다미닝'*인 듯싶다!

최강의 실행자와 수재 사이에 있는 간극을 어떻게 메우면 좋을까?

다다미닝 살롱에 소속한 내가 지향하고 있는 모습 중 하나!!!

○ 이상의 세계

모두가 자신의 단점을 인정하고 업무에 최선을 다해야 한다.

범인=마이너스

천재, 수재=플러스

이렇게 생각했다.

그런데 이 칼럼을 읽고 사람은 저마다 자신에게 걸맞은 활약 방법이 있다는 걸 깨달았다.

○ 공감의 신이 되기 위해서는,

• 자신의 눈으로 확인할 것.

---

* 일의 아이디어를 실행 가능한 상태로 설계하고, 착실하게 실행에 옮기는 사람을 이르는 말 – 옮긴이

• 단순한 마음으로 상대와 마주하는 것이 중요하다.

공감력이 뛰어난 범인은 타인의 의견에 귀 기울일 줄 안다. 타인의 의견에 지나치게 좌우되지 않고, 자신을 믿고 사람들과 마주한다. 정보가 많은 시대에 이렇게 하는 건 어려울지도 모르지만 아주 중요하다!

최강의 실행자가 되고 싶다

유-타, 24세 사회 초년생

이 글을 읽고 '나는 어떤 포지션에 있는(되고 싶은) 걸까?'를 생각해보니 수재와 범인 사이에 있는 최강의 실행자라는 결론에 도달했어요!!

너무 이론만 중시하지 않고, 다른 사람에게 공감하는 것도 잊지 않는 사람이 되고 싶어요!!

앞으로 우리 사회는 변할 것이다

HOPE, 47세 재단법인 직원

일하면서 누구나 한 번쯤은 억울하다고 느낀 적이 있을 겁니다. 물론 저도 있습니다. 사실 억울하다고 느끼는 이유는 인간관계의 충돌이나 사람이 사람의 재능을 이해하고 존중하지 못하는 일 때문인 경우가 대부분이죠. 이 글은 그런 고민을 해결하기 위해 나온 것입니다.

저자는 우리가 직면하는 딜레마에 한없이 공감하고, 문제의식을 공유하며, 그 해결책을 찾기 위해 이런저런 시도를 합니다. 저자의 노력 덕분에 앞으로 우리 사회는 변할 겁니다!

용기를 얻었습니다

쥰쥰@, 43세 프리랜서형 정사원* SCM직

인터넷에서 이 칼럼을 처음 발견했을 때, 사실 나는 네 번 이직한 상태였다. 그때까지는 천재로서 날카로운 전략을 내세워 숫자로 보이는 결과를 냈는데도 말이다.

그 무렵에 계속 고민했다. 사람들은 왜 결과에만 치중하는지, 실행하는 데 한계가 있고 그 한계를 뛰어넘어 결과를 내도 왜 실력조차 인정해주지 않는지를 말이다.

그 당시 내가 인터넷에서 주로 검색한 단어는 '일/실력/모르겠다/평범한 샐러리맨' 같은 것이었다.

애초부터 나는 타인이 얼마나 대단한지를 알고 있었다. 노동집약적인 산업에서 성과를 내기 위해서는 구성원 개개인의 실력을 파악하고, 그에 따라 조직화하는 게 가장 중요하다고 생각했다. 그래서 입장(정규직인지 비정규직인지 혹은 연차)을 배제하고 모든 구성원을 존중하며 냉정하게 장단점을 봤다.

그렇기 때문에 성과를 내게 되면 내 실력을 금방 인정해줄 거라 믿었다. 또 창고에서 일하는 내 업무도 일반 사람들이 그다지 선호하는 일은 아니지만 내 나름대로는 천직으로 여기면서 멋진 회사 생활을 하려고 애썼다.

(사실 일손이 부족한 상황에서도 성과를 낼 수 있었던 건 많은 사람

---

* 일본의 새로운 고용 형태로, 프리랜서가 회사원(=정사원)과 동등한 보장을 받으면서 자유롭게 일하는 제도를 말한다. 4대 보험, 상여금, 퇴직금, 보수 보장, 리프레시 휴가 등 정사원에게만 주어지는 혜택을 똑같이 누리면서 프리랜서처럼 자유롭게 일할 수 있다 – 옮긴이

이 함께하고 싶어 해 인원을 모집하는 것이 힘들지 않기 때문이다.)

하지만 그런 마음가짐으로 일해도 특정 층 앞에만 서면 항상 주눅이 들었다. 그게 누구냐고? 바로 그 직장에서 줄곧 근무하고 있는 에이스, 즉 수재였다.

돌이켜보면 성과를 냈을 때는 항상 지지해주던 사람이 있었다. 바로 소통의 달인이다.

오늘 느닷없이 이직하고 싶다는 생각에 빠졌는데, 이 칼럼을 다시 한번 읽고 용기를 얻었다.

 ### 범인 영역에 조금 더 빛(역할)을

요시노아야, 31세

이노베이션을 일으키는 방법에 대한 고찰이 날카로워서 그렇구나 하고 무릎을 탁 쳤습니다. 두서가 없지만 칼럼을 읽은 소감을 쓰겠습니다.

- 이노베이션을 일으키려면 거침없이 날뛰는 기폭제 같은 존재가 필요한 거 아닐까. 천재, 수재, 범인 저마다의

특징과 본질을 이해하고, 이들을 다른 부서로 옮기면 어떤 화학반응이 나오는지를 아는 인재(중심에 위치한, 모든 것을 이해하는 사람과는 달리 좀 더 불안정한 이미지. 어떤 의미에서 천재로 분류되는 인재일지도 모른다) 말이다. 다양성을 이해하고 공감력이 뛰어나며, 천재를 이해하고 수재에게도 좋은 감정을 가진 범인이야말로 그런 인재가 될 수 있을 것 같다.

• 단순하게 나는 이 중 어디에 해당되는지를 곰곰이 생각해봤다. 천재까지는 아니더라도 범인이고 싶지는 않다. 그래서 수재라고 결론 내렸는데 사회에 좋은 영향을 주고 있는지는 모르겠다. 하지만 범인이라는 말 자체가 프라이드를 꺾어버리는 것 같다. 그렇다면 범인은 어떻게 하면 좋을까? 어떻게 힘을 내야 할까? 그것은 본질적인 질문이 아닌 것 같다. 따라서 범인 영역에 조금 더 빛(역할)을 주면 좋을 것 같다. 머릿수는 압도적으로 많으니 다양한 역할을 하면 좋을 것 같다. 그러는 편이 더 많은 범인들에게 공감을 얻을 수 있고, 결과적으로 천재를 도와주는 빈도도 한층 더 빈번해지지 않을까.

- 속편(책에 게재될지 모르겠지만)에 쓰여 있던 '천재의 시대와 수재의 시대는 번갈아 찾아온다'는 문장을 읽으며 바로 지금 한창 미국이 천재의 시대, 일본이 수재의 시대를 살아가고 있다고 느꼈다. 그리고 미국도 스티브 잡스의 죽음을 시작으로 수재의 시대에 접어든 것 같다. 그 반면에 중국에서는 지금 천재의 시대가 꽃피고 있는 듯하다. 나라마다 살아가는 시대가 다른 만큼 타국의 방식을 그대로 따라 해서는 살아남을 수 없다는 생각이 들었다. 이 사실을 이 나라의 수뇌부인 수재들이 깨우치길 바란다. 수재가 이 나라에 물을 주어 존속시키고, 그다음 세대 천재가 싹을 틔우도록 노력해야 한다.

범인도 살해당하고 있다

사쿠마, 30세 식품업체 근무

- 읽은 소감

이 글의 테마는 '범인이 천재를 죽이는 이유'다. 그런데 이 글을 읽고 가장 먼저 든 생각은 '천재가 되기 전의 범인도 살해당하고 있구나……'였다.

- 직장 내 인간관계로 고민하는 것

그런 생각이 든 이유는 지금 나의 직장이 떠올랐기 때문이다. 우리 회사는 대형 식품업체인데, 나는 우리 제품을 어떤 손님에게 팔 것인지를 생각하는 부서에서 일하고 있다.

입사 전에는 여기서 일할 수 있게 돼서 너무 기뻤는데, 막상 입사하고 나니 너무나 치열한 경쟁 체제여서 힘들었다. 게다가 권한이 있는 사람은 대부분 기분파다. 정말 능력 있는 사람도 정신적으로 힘들어서 퇴사한 적이 있다고 해서 적잖이 충격을 받았다. 우리 팀 분위기도 살벌하다. 그럼에도 핵심 부서에서 일한다는 긍지로 버티고 있다. 여러 우여곡절 속에서도 험난한 직장 생활을 꿋꿋하게 이겨나가고 있다.

- 모든 인재의 재능을 살리기 위한 방법에 대하여

그러기 위해서는 사람을 이해하는 데 힘쓰는 것이 중요하다고 생각한다. 우리는 무의식중에 다른 사람을 자기 기준으로 판단해버린다. 그래서 그 사람을 순수하게 보려고 해도 그러지 못하는 경우가 많다.

왜 그럴까? 그 이유는 우리가 알기 쉬운 것을 좋아하고, 모르는 것에는 공포를 느끼기 때문이다. 공부 같은 건 논리가 있어서 이해하기 쉽지만, 사람은 너무나 막연한 존재라서 이해하기 힘든 경우가 많다. 그래서 멀리하고, '저 사람은 저런 사람이니까' 하면서 이해하려고는 하지 않는다. 사람마다 이해의 폭이 다르다. 이해해보려고 애쓰는 건 좋다 나쁘다 말할 수 없지만, 일단 스스로 부딪혀보고 판단하는 게 중요하다. 이해한다고 하면 말이 무겁게 느껴질 수도 있는데, 눈앞에 있는 사람에게 흥미와 존경을 갖다 보면 그 길은 열릴 거라 믿는다.

그것을 할 수 있는 사람이 소통의 달인이나 공감의 신이며, 그런 사람이 늘어난다면 세상은 좀 더 따뜻해질 것이다.

【투고자】 나: 남성, 29세, A사의 천재, 마케팅 · 기획 매니저

특징: 남의 비위를 잘 맞추고 섬세하다, 이노베이터, 사람을 좋아하고 생각하는 걸 좋아해서 상사 입장에서 보면 귀여운 구석이 없다(이 글은 내 이야기를 그 당시를 회상하면서 쓴 것으로, 다른 사람들의 객관적인 의견도 반영했다).

~살해된 천재가 구원된 이야기~(천재 측)

나는 신규 졸업자 채용을 지원하는 사업에 종사하고 싶은 마음에 지금 다니는 A사에 입사했다. 이곳에서는 법인 영업 업무를 맡았는데, 타고난 책임감과 해결력으로 눈에 띄게 성과를 올렸다. A사는 벤처기업이어서 그런지 일반 기업에 비해 승진 속도가 빨랐다. 나도 그런대로 출세했다. 후배들에게는 두터운 신뢰를 받았고, 우리 팀에서는 퇴사자나 KPI 미달성자도 없었다. 내가 책임져야 하는 범위의 목표 수치도 꾸준히 달성했다. 얼핏 보면 모든 일이 순조롭게 진행되는 것 같았다.

그런데 사업의 전체적인 상황은 좋지 않았다. 대리점 판매

가 주가 되고, 중노동에 시달려서 그런지 사업부에 퇴직자가 끊이지 않았다. 그래서 나는 신규 사업에 대한 제안을 이것저것 내놓았다. '신규 제휴사 개척하기', '기존 제휴사와 협업 관계 강화하기', '신규 서비스 개발하기', '교육체제에 대한 개선점 제안하기' 등이다.

하지만 무엇 하나 받아들여지지 않았다. 오히려 부정적인 피드백을 받았다. 상사로부터 높은 평가도 받지 못했다. 회사 사람들은 내가 매정하다고 생각하는 것 같았다.

그 당시 나는 '나에 대한 평가와 내가 제안한 내용에 대한 평가를 혼동하고 있다'고는 생각하지 못했다. '성과는 더할 나위 없이 좋아. 제안한 내용도 고객들을 대상으로 사전 테스트를 했는데 좋다는 평가들이 어느 정도 나왔고. 무엇보다 사업을 달성하기 위한 제안인데, 도대체 왜 이렇게까지 부정적인 피드백을 받은 걸까?' 나는 영문을 몰라 마냥 슬펐다.

그 후에도 사업은 제자리걸음만 했다. 나는 반려되는 게 두려워서 점점 새로운 의견을 내지 않게 됐다. 그뿐 아니라 출세욕에 사로잡혀 배신을 서슴지 않은 사람에게 종종 데이다 보니 인간 혐오에 빠졌다.

그런데도 내가 이런 악조건을 극복하려고 마음먹은 계기는 회사 외부에 존재하는 이해자들 덕분이었다. 그중에는 이제는 공감의 여신이라고 불러야 하는 사람도 있다. 이해관계가 얽히지 않은 사람들 즉, 순수하게 나를 응원해주는 사람들의 힘이 컸다.

그렇게 영업 성적은 호조를 보였고 부하 직원들에게도 두터운 신뢰를 받았지만 나는 5년 이상 근무했던 그 사업부를 떠나기로 결심했다. 그때 상사나 부장 등 누구 하나 나를 말리지 않았다.

'평가라는 게 뭘까?'

마음속으로 이런 생각을 하며 나는 마케터 · 기획자로서는 경험이 없지만 자진해서 지금의 부서로 이동했다. 부서를 옮기게 된 계기는 공감의 여신이 해준 조언 덕분이었다. 그녀는 '환경을 바꾸면 당신의 아이디어를 받아들이는 사람도 있지 않을까요?'라고 조언해주었고, 나의 재능을 아낌없이 칭찬해주었다. 성공담이라고 하기에는 아직 이르지만 공감의 여신과 아직 보지 못한 소통의 달인의 힘을 빌려 나와 사회의 행복을 추구해나가고 싶다.

게다가 때마침 그때 이 칼럼 〈범인이 천재를 죽이는 이유〉를 읽게 되었고 지금까지 나를 괴롭힌 '사회생활'이라는 숙제를 끝낸 기분이었다.

　나도 반성해야 할 점이 있다는 것, 내가 계속해서 부정적인 평가를 받는 것도 이유가 있다는 것을 깨닫기까지는 여러 시행착오를 겪어야 했다. 그 이유를 깨달았을 때 비로소 구원받은 느낌이 들었다.

【투고자】공감의 여신: 여성, 37세, A사의 파트너 기업에서 일하며 회사의 임원.
특징: 참견쟁이, 여장부 기질이 강함, 인싸, 경영자의 시점에서 조언을 할 수 있음. 경영 공부 중.

　~한 명의 천재를 구한 이야기~ (공감의 신 측)
　처음 봤을 때, 그는 마치 상처 입은 고슴도치 같았다. 밝고 생기 넘치게 일을 즐기고 있지만, 그 상처가 일에서 비롯되었다는 걸 알아차리기까지는 그리 오래 걸리지 않았다. 그의 이야기를 들어보니 후배 동료들 사이에서는 신뢰가 두터운 반면에 상사들 사이에서는 평판이 좋지 않고 푸대접을 받는 듯했다. 고슴도치의 가시는 늘 곤두서 있었고, 피부는 피투성이인 것처럼 보였다. 그는 누구보다도 회사와 부서의 발전을 간

절히 바랐고, 그에 걸맞게 행동했다. 번뜩이는 아이디어, 창의력, 디자인적인 사고방식, 민첩한 행동력과 흡수력을 지녔을뿐더러 살뜰하기까지 했다. 사실 그의 장점을 열거하자면 끝이 없다.

이야기를 나눌수록 나는 그의 인간성에 매료되었다. 그는 '사랑할 수밖에 없는 천재'였다. 그래서 도와주고 싶었고, 좀 더 많은 사람에게 인정받았으면 좋겠고, 좀 더 활약해줬으면 하는 마음이 들었다. 원석을 발견한 기분이었다고나 할까. 그러나 나는 외부 인사였기 때문에 그를 도와주는 데는 한계가 있었다.

내가 첫 번째 단계에서 한 것은 칭찬할 때는 철저하게 칭찬하기(상처 입은 피부에 약을 바른다), 항상 정면으로 마주하기(뾰족하게 돋친 가시를 잠재운다)이다. 특별히 계획을 세우고 실행한 게 아니라 그가 자연스럽게 그렇게 만들었다. 아마도 이건 사랑할 수밖에 없는 천재의 재능 중 하나인 듯싶다.

두 번째 단계에서는 그의 고민에 대해 꼼꼼하게 피드백하고, 기발한 아이디어를 실현할 수 있도록 거들었다.

그것이 효과가 있었고, 고슴도치는 일본 비즈니스 중심부인 도쿄로 여행을 떠났다.

현재는 세 번째 단계의 한가운데에 서 있다. 앞으로 어떻게 하고 싶은지, 어디를 목표로 해나갈지에 초점을 두고 책을 소개하거나 더욱더 재능을 꽃피우는 방법을 모색하는 중이다.

기타노 씨가 쓴 칼럼 〈범인이 천재를 죽이는 이유〉를 읽기 전까지는 몰랐다. 어떻게 이렇게까지 그에게 공감하고, 개인적인 시간을 줄여서까지 그를 도와주고 싶었던 건지 말이다. 그래서 내 나름대로 결론을 내보았다. 처음부터 보상을 바란 건 아니더라도 공감의 신은 천재를 도와줌으로써 엄청난 혜택을 얻는다! 바로 천재와 같은 꿈을 꿀 수 있다는 것이다. 이것은 공감의 신이긴 하지만 범인인 내가 평생 걸려도 받을 수 없는 상이다.

고슴도치의 여행은 지금도 계속되고 있다. 나는 앞으로도 공감의 여신(여성이므로 웃음)으로서 이 사랑할 수밖에 없는 천재를 계속 지지할 것을 이 자리에서 맹세합니다.

세상 모든 천재에게 행운이 있기를!

모든 것에 적용할 수 있는 사고방식

자시키와라시*, 26세 시스템 엔지니어

기타노 씨의 친절함과 열의가 가득 담긴 글 잘 봤습니다.

잠재력을 가진 사람이 그것을 활용하지 못하는 경우가 있고 그것을 해결해주는 게 사회적으로 가치 있는 일이다. 이것이 이 글에 깔려 있는 철학입니다.

이러한 생각은 모든 상황에 적용할 수 있을 것 같습니다. '천재'라는 표현에서는 나와 동떨어진 존재라는 인상을 받았습니다. 그런데 내 주변에도 마이너리티라서 자신의 재능을 다 발휘하지 못하고 힘들어하는 사람이 있을지도 모릅니다.

누구나 그런 사람의 잠재력을 알아보고 끌어내줄 수 있습니다. 누구나 그렇게 할 수 있구나, 하는 확신이 들었습니다.

---

* 한집에 붙어살면서 그 집 가족에게 짓궂은 장난을 하기도 하지만, 그 집에 번영이나 행운을 불러오기도 하는 요괴를 뜻한다 - 옮긴이

발달장애의 대다수는 범인

해 질 녘

처음 뵙겠습니다. 하네타 블로그^{일본의 무료 블로그 사이트 - 옮긴이}에서 잡다한 지식과 정보를 전하고 있는 블로거입니다.

저는 성인이 된 후 자폐스펙트럼장애라는 진단을 받았습니다. 이건 일종의 발달장애 중 하나입니다. 저는 블로그에 주로 자폐스펙트럼장애나 전반적 발달장애에 관해 쓰는데, 〈범인이 천재를 죽이는 이유〉라는 칼럼을 읽고 제 의견을 쓰기도 했습니다. 제 블로그에 올린 의견을 요약해보면 다음과 같습니다.

- 발달장애의 긍정적인 면을 소개하고 나서 곧바로 천재라 불리던 위인을 거론하다 보니 위화감이 들었다.
- 발달장애인도 건강한 사람도 범인이 갖고 있는 공감력을 축으로 살면서 서로 충돌하기 때문에 문제가 생기는 거 아닐까?

발달장애가 어떻든 간에 특별하고 다른 존재라는 인식은

분명 잘못된 것입니다. 사실 그들 대다수는 범인 그룹에 들어 있는 동지들이거든요. 발달장애라고 진단받은 사람이 사는 이 사회는 '공감하기 쉽다(건강한 사람)' VS. '공감하기 어렵다(발달장애인)'라는 기준을 갖고 있기 때문에 여러 가지 괴로운 일을 겪게 됩니다.

저는 이 칼럼을 읽고 나서 천재는 목표로 삼는다고 해서 되는 게 아니지만 수재를 목표로 삼아야겠다고 생각했습니다. 발달장애가 있어서 괴롭지만 사고의 축을 수재의 것으로 바꾸겠다고요. 이 칼럼을 계기로 내가 어떻게 살아가야 할지, 처음으로 확실히 깨달았습니다.

제 글이 책에 실릴 거라고는 생각하지 않습니다. 다만 이런 의견도 있다고 이야기하고 싶었고 또 감사의 마음을 전하고 싶어서 글을 남깁니다. 모니터 화면 너머에서 인사하고 있지만 제 마음만은 진심입니다. 〈범인이 천재를 죽이는 이유〉를 써주셔서 진심으로 감사합니다.

'여백'을 깨달았으면 좋겠다

K.A., 23세 학생

모든 인간은 자신만의 '여백'을 갖고 있습니다. 여기서 '여백'이란 자신의 지식과 경험이 구성하는 세계를 말합니다.

사람마다 각각 이런 '여백'이 있다는 걸 모든 사람이 이해했으면 좋겠습니다. 천재와 범인이 처음 만났을 때, 서로에게 이질감을 느낄 수도 있습니다. 서로 세계관이 다르기 때문이죠. 하지만 둘 다 인간이기에 반드시 자신만의 '여백'을 갖고 있습니다.

이 '여백'을 깨달은 사람을 공감의 신이라고 부르는 거 아닐까요?

인간은 생래적으로 같지만 본질적으로는 다르다. 다르다는 건 너무나 당연하고도 멋진 것입니다!

이런 식으로 느낄 수 있는 풍토가 우리 사회에 더 뿌리내렸으면 합니다.

천재를 평가하는 어려움

Kazu Kudo, 40세 전자부품 제조업 해외공장 기술부장

- 칼럼을 읽은 감상

저희 회사의 슬로건은 '이노베이터(Innovator)가 되어라' 입니다. 그런데 회사 시스템은 예민한 천재가 위로 올라갈 수 없는 구조입니다.

'앞으로는 더욱 경쟁이 치열해질 텐데 혁신적인 아이디어를 생각해내는 엔지니어가 좀 더 열정적으로 일할 수 있는 회사를 만들고 싶다'는 생각을 하고 있을 때 이 칼럼을 읽었습니다.

정말 중요하고도 이해하기 쉬운 점은 천재에게는 성과를 측정할 수 있는 KPI가 없다는 것입니다. 우리 회사에서도 BSC Balanced Score Card, 재무적인 측면과 함께 고객, 내부 프로세스, 학습과 성장 등 기업의 성과를 종합적으로 평가하는 성과 측정표이다 - 옮긴이나 KPI에 따른 관리가 일반화되고 있는데 천재의 발상은 이런 것으로는 평가할 수 없다는 것을 깨달았습니다.

이 칼럼을 읽고 나서 바로 사내에서 천재라고 생각하는 사람에게 공유했더니 사업부장급 담당자한테 이런 말을 들었

습니다. 천재는 사내에도 일정한 수가 있으니 그들을 이해할 수 있는 매니저 혹은 제 소속으로 그 후배를 보내야겠다고요. 그가 천재이기 때문에 뛰어난 일을 할 수 있을지 어떨지는 잘 모르겠지만 적어도 자신을 이해해주는 사람 밑에서 일하는 천재는 구원받을 수 있을 것 같습니다.

• 직장 내 인간관계로 고민하고 있는 것

자신의 방식을 버리지 못하고, 회사나 팀에서 요구하는 업무를 수행하지 못하는 팀원이 있습니다. 그는 자기 스타일을 복제하려고만 하고, 다른 의견이나 방식을 받아들이려고 하지 않습니다. 혼자 하는 업무는 잘하는데 다른 사람과 협업하려고 하지 않다 보니 그가 수재인지 범인인지는 짐작할 수 없습니다. 어쩌면 그는 세 범주 밖에 있는 사람일지도 모릅니다.

• 당신이 지금까지 목격했던 살해당한 천재 이야기

우리 회사에서는 관리직이 되려면 경영감사라는 걸 받아야 합니다. 그리고 평균점을 받아야만 승진할 수 있습니다. 그런데 많은 천재들은 그러지 못하죠. 이런 시스템이 천재들을 죽이고 있는 셈입니다.

얼마 전에도 박사학위를 딴 동기가 이 경영감사를 받았는데 아무래도 떨어진 것 같다는 이야기가 있었습니다. 게다가 제 지인 중 하나인 별난 천재는 이 경영감사 자체에 화가 나서 평가자들한테 불평을 쏟아냈다고 합니다. 그는 완전히 조직에서 살해당했다고 생각했습니다.

- 구원받은 천재 이야기

앞에서 언급한 박사학위를 딴 동기는, 과거에 구원받은 천재였습니다.

그는 입사 후 회사에서 지원금을 받아 박사학위를 땄습니다. 갓 입사했을 무렵에 그는 다른 사람과 의사소통도 제대로 못했지만 숫자나 이론에는 굉장히 강했습니다. 회사에 들어온 뒤로 전자기학뿐 아니라 양자역학까지도 다시 공부하더군요. 그 결과 신의 경지에 올랐다고 할 만한 수준에 이르렀죠. 사회성은 떨어졌지만 상사의 눈에 띄어 대학원에 진학하게 됐습니다. 박사학위를 취득하기 위해서 말이죠. 그를 눈여겨본 상사도 분명 천재였을 겁니다.

- 조직이 구성원들의 재능을 활용하기 위한 방법

천재가 가진 특성을 상사가 이해하는 것이 가장 중요하다고 생각합니다.

천재의 특성으로 알기 쉬운 것은 KPI가 없다, 수재나 범인으로서는 그 잠재력도 평가할 수 없다는 점입니다. 그리고 또하나 천재들의 공통점은 그 분야를 아주 순수한 시점으로 바라본다는 것입니다.

KPI를 확립할 수 없는 경우에는 그 분야에 대한 순수도를 측정하고, 그것을 발전시켜주는 게 가장 바람직한 방법인 듯싶습니다.

- 당신 회사의 '이노베이션을 방해하는 벽'이라는 존재
  평균 이상의 사람만이 승진할 수 있는 인사 시스템이라고 생각합니다. 기술직은 제아무리 능력이 뛰어나도 일정 자리 이상 승진하기는 어려우므로 성과에 대해서 확실하게 보상받을 수 있는 시스템이 필요합니다. 알아둬야 할 점은 천재는 매니저에 적합하지 않다는 겁니다. 저는 'SM 이론'이라고 표현하는데, M에는 등급이 있고 상위가 하위에게 S가 됩니다. 하지만 S 안에는 등급이 없고, S는 M이 될 수 없습니다. 이와 마찬가지로 천재는 어디까지나 천재이며, 조직을 꾸려나가

는 일은 잘하지 못하므로 매니저에는 적합하지 않습니다. 따라서 직급보다는 성과와 노력을 보상해주는 급여 체계가 필요하다고 느꼈습니다.

조직마다 다양한 기준을 세우고 조사해보면

쓰쿠라 노리마(津倉徳真), 27세 마케터

조직마다 직무별 인원수를 산출한 다음 업계 중심, 직종 중심, 규모 중심 등 다양한 기준에 따라 어느 비율의 조직이 사업을 잘해나가고 있는지, 직원들의 행복도가 높은지를 조사한다면 재밌을 것 같다!

다른 역할끼리 서로 협력하고 싶다

I.A., 21세 학생

나는 이 칼럼을 읽고 눈물을 흘렸다.
　나를 이해하지 못하는 사람들에게 몇 번이나 정신적으로

살해당했다. 그럴 때마다 나는 절망했지만 사람이 싫어지지는 않았다. 그렇게 몸부림치면서 공감의 신(친구)이나 엘리트 슈퍼맨(주로 학교 선생님), 괴로워하는 천재(다수의 친구)에게 구원받고 (천재인지 아닌지는 제쳐두고) 불행한 죽음을 숱하게 피한 천재 역할을 해왔기 때문이다. 다시 말해 매우 보기 드문 낙오자로 살았다. 여기서 말하는 두 가지 명칭, 천재나 공감의 신은 때와 장소에 따라 다양하며 자신이 수재 역할일 때도 있으면 범인 역할일 때도 있다는 점을 다시 한번 확인해두고 싶다. 중요한 건 상대가 어떤 역할이든 우리는 다른 역할끼리 할 수 있는 일을 하고 협력함으로써 서로가 살기 쉬운 세상을 만들(=사회를 좋게 할) 수 있다는 것이다.

프라이팬과 뚝배기와 거품기는 기능이 다르다. 꽃게탕을 만들어야 하는 상황이라면 뚝배기는 천재가 된다. 생물진화론 같은 이야기가 되는데, 이 역할은 그때그때 상황에 따라 얼마든지 달라질 수 있다. 범인이라는 사람이 따로 있는 것은 아니다. 누구에게나 역할이 돌아온다. 딱 그런 이야기이다.

그러므로 우리가 모두 명마가 될 필요는 없다. 그보다 우리는 모두 명마 감별사는 될 수 있다는 점을 꼬집고 싶다. 쉽게 말해서 타인을 있는 그대로 인정하자는 얘기다.

천재라도 모든 일을 할 수 있는 건 아니다. 당연하다. 범인이든 천재든 수재든 각자 역할을 맡아 사회를 운영하는 (것을 인정하는) 게 중요하다. 그것이 제대로 기능하지 못하는 게 현시대의 문제점이다. 문제 해결의 시작은 절대 소수인 천재를 '알 수 없다'는 이유로 배척하지 말라는 외침에 귀 기울이는 것이다.

두 축이 뒤섞이는 것이 중요함

오시키리 가나코(押切加奈子), 32세 북카페 점장

천재와 범인의 수는 압도적으로 차이가 난다.

천재에게 마음껏 자유를 주고 결과를 내게 할 만한 범인이 있느냐. 거꾸로 범인을 좌지우지하면서 실컷 농락하는 천재냐. 이 두 축이 서로 교차하는 것이 매우 중요하다. 양쪽 다 커버할 수 있는 수재가 능숙하게 처신하는 것도 말이다(물론 본인은 힘들겠지만). 조직이 모든 인재의 재능을 끌어내려면 상대를 먼저 알 수 있는 자리를 마련해주고, 서로의 장점을 인정할 수 있는 태도를 심어주는 것이 중요하다고 생각한다.

기업은 '최강의 실행자'를 채용하려고 한다

스즈아야, 32세 기계설비 엔지니어

아주 흥미롭게 읽었습니다.

지금까지 사회생활을 하면서 천재에 해당하는 사람을 만나본 적이 없습니다. 수재와 범인으로 이루어진 조직에서 일하고 있는 입장에서, 최강의 실행자가 수재와 범인의 경계를 넘나들며 회사 안에서 에이스로 불린다는 점은 정말 공감했습니다.

평소 '고학력≠업무 수행'이라는 말을 자주 들었고, 저도 일하면서 같은 생각을 했습니다. 하지만 고학력자(수재)라고 한들 공감대를 갖고 범인을 찾아가지 않으면 대다수를 차지하는 범인에게 평가받지 못한다는 점을 깨달았습니다.

또한 대기업일수록 인재를 채용할 때 고학력자(수재)를 선호하고, 더욱이 커뮤니케이션 능력(공감력)을 요구합니다. 최강의 실행자의 채용 확률을 높이려고 하는 거죠.

다만 그 결과, 수재와 범인 부류에 속한 사람만이 평가의 대상이 됩니다. 애초에 천재가 비집고 들어갈 수 없는 상황인 겁니다. 어쩌다가 천재가 입사했더라도 자유롭게 능력을 발

휘할 수는 없습니다. 그러지 못하게끔 수많은 수재가 사내 제
도(논리)를 만들었기 때문이죠. 그래서 조직은 창의력을 잃고,
기존 사업만을 고수하다가 마침내 쇠퇴의 길을 걷습니다. 그
런 흐름이 조직의 거대화와 함께 일어나고 있는 것 같습니다.

 수재의 죄가 가장 처벌하기 어렵다

기리하라 유키(桐原有輝), 31세 프리랜서

천재를 살리는 방법론으로서 제가 말하고 싶은 것은 두 가지
입니다.

- 천재끼리의 교류
- 범인을 적재적소에 배치

기타노 씨의 칼럼은 훌륭하다고 생각합니다. 하지만 그것
이 '모두 함께 의식을 바꾸자'로 끝나버리는 게 너무 아까워
서 생각을 보탭니다.

'전제 → 문제 정의 → 방법론 → 결론'이라는 순서대로 써
보겠습니다.

【전제】

이 칼럼을 읽고 나서 저는 범인이라고 생각했습니다. 스스로 느낄 만큼 공감력이 아주 뛰어날 뿐 아니라 천재를 알아볼 수 있다고 생각하거든요. 그러니 공감의 신으로 분류되겠죠.

【문제 정의】

먼저 재확인하는 차원에서 기타노 씨가 어떤 의도를 가지고 이 칼럼을 썼는지를 명확히 하고 싶습니다. 글에서 파악할 수 있는 키워드는 다음과 같습니다.

- 결론을 말하면 '그럼에도 불구하고 천재는 필요하다'고 생각합니다. 왜냐하면 두 가지 이유가 있습니다. 그것은 '인구 증가에 따른 요청'과 '경제 시스템의 실패를 조정하기 위해서'입니다.

  → 이노베이션의 필요성, 즉 천재의 필요성
- 마이너리티를 지원하는 데에 관심이 많습니다. 이 세상, 특히 이 나라에서는 천재라 불릴 법한 '남과는 조금 다른 아이'는 살아가기가 너무 힘들기 때문입니다. 그래서 제가 만약 천재의 재능을 정확히 이해하고, 도와줄 수 있다면 최선을 다하고 싶습니다. 왜냐하면 저 또한

일본 사회에서 부적응자였기 때문입니다.

→ 기타노 씨가 천재를 지지하게 된 사연

- 성장산업에 우수한 인재를 소개하는 일

→ 이노베이션을 일으키는 구체적인 방법론

위의 내용에서 알 수 있는 것이 '천재를 적재적소에 배치해서 이노베이션 환경을 조성한다'는 사실입니다.

이것이 잘못된 경우에는 아래 내용은 무시해도 전혀 상관없습니다. 그러기 위한 방법을 아래에 정리해봤습니다.

【방법론】

천재가 살해당하는 문제를 개선하려면 천재, 수재, 범인이 저마다 죄가 있다는 점을 인지해야 합니다.

① 천재의 죄: 수재와 범인을 이끌 만큼의 실행력을 발휘하지 못한 것, 물리적 · 정신적 죽음을 선택한 것.

② 수재의 죄: 머리로는 '이 녀석한테는 이길 수 없다, 살려두는 게 사회를 위해 좋다'고 생각하면서도 자신의 이익을 위해서 천재를 공격해버린다는 점(능동적, 소극적 모두).

③ 범인의 죄: 공감의 신을 늘리면 천재를 살릴 수 있는 확

률이 높아지는데, 범인은 천재를 알아보기는커녕 자신의 죄조차 알아채지 못한다. 즉 범인의 죄는 사회 전체의 죄다.

①, ②, ③ 중에서 가장 바꾸기 어려운 건 ②입니다.

왜냐하면 ② 수재의 죄는 자각이 있는 행동이며 사회 속에서 이미 힘을 발휘하고 있기 때문이죠.

이 계층은 자신의 이익을 생각하는 능력과 실행력이 높아서 쉽사리 자신의 행동을 바꾸려고 하지 않죠. 그러므로 천재를 살리기 위해서는 개선하기 어려운 점이라고 인식했습니다. ①과 ③에 관해서는 자각하지 못하는 경우가 많은 것 같습니다.

먼저 현시점에서 사회구조는 바꾸기 어렵습니다. 따라서 의지가 있는 누군가가 의도적으로 ①과 ③에 변화를 줌으로써 이상적인 사회 실현을 도모하는 것이 현실적입니다.

①에 대하여

천재는 고독합니다. 짧은 인생 경험 속에서 제가 천재라고 느낀 사람들은 늘 이해받지 못해 외로워했습니다. 제가 아무리 이해하고 있다고 표현해도 그들은 본질적인 고독감을 떨쳐내지 못하더군요. 왜냐고요? 범인인 저와 천재는 본질적으로 차이가 있기 때문이죠.

뒤집어 말하면 본질적인 고독을 이해할 수 있는 사람끼리 한데 모이면 괜찮아진다는 뜻입니다.

③에 대하여

공감의 신을 증산하는 방법론입니다. 제 첫 직장은 대기업 증권회사였는데, 그때 만난 공감의 신들은 '뛰어난 공감력'과 '포기하는 힘'이라는 공통적인 소양을 갖추었더군요. 자신이 소속된 조직 안에서 이기는 걸 포기하고, 천재의 편에 설 줄 아는 사람들이죠.

그러나 한 인간으로서 승리를 포기하기 위해서는 자신의 분수를 알아야 합니다. 분수는 무언가를 이룬 경험이 없으면 결코 알 수 없습니다. 즉 범인은 범인 나름대로 자신의 재능에 맞는 자리에서 무언가를 이루어냄으로써 비로소 자신감이 생기고 '이 천재한테는 져도 괜찮다'고 생각할 수 있는 마음의 여유가 생기는 거죠.

그렇기 때문에 범인을 적재적소에 배치하는 것이 중요합니다.

【결론】

- 천재끼리의 교류

- 범인을 적재적소에 배치

이상이 제가 생각하는 천재를 살리는 방법론입니다.

참고가 되었으면 좋겠네요.

 저도 천재를 죽였을지도 모릅니다

초우차오숀(鄒 潮生), 31세 주식회사 TIXA ITEX CEO

어쩌면 저도 모르는 사이에 천재를 죽이는 일에 가담했을지도 모릅니다.

이 칼럼을 읽고 이런 생각을 했습니다.

'천재를 죽이면 안 된다. 혁신적인 조직을 만들기 위해서는 별나고 제대로 일을 못하는 사람을 타박하지 말고, 그들을 도와주는 공감의 신이 되고 싶다.'

그러나 현실에서는 그러기가 쉽지 않습니다. 천재에게 천재라는 꼬리표가 붙어 있지 않으니까요. 그 때문에 '아뇨, 이 녀석은 천재가 아니라 그냥 이상한 사람이네'라고 단정하고, 다른 수재나 범인의 공격으로부터 지켜주지 않을뿐더러 저 조차도 그를 공격할 수도 있습니다.

문득 '아, 내가 천재를 죽이는 일에 가담했을지도 모른다' 고 생각하니 오싹해집니다.

지금은 규모가 작은 회사라서 이런 고민을 한 적이 없지만, 범인이 천재를 죽일 수도 있다는 점을 명심하고 꿋꿋이 이 길 을 걸어가겠습니다.

유레카

이와사키 요시히토(岩崎祥大), 30세 변호사

- 상대적인 평가의 차이보다 절대적인 축의 차이 때문 에 소통이 단절된다고 했는데, 정말 그런 것 같다. 이 메커니 즘을 이해하지 않으면 대화는 영원히 평행선이 될 수도 있다. 이런 인사이트를 던져준 것만으로도 이 칼럼은 굉장히 가치 가 있다.

- 대기업에서 이노베이션이 세 가지 축을 하나의 KPI로

측정하기 때문이라는 말은 진심으로 공감했다.

- 천재 · 수재 · 범인 사이에 우열을 가리는 게 아니라 천 재가 재능을 발휘하도록 공감의 신인 범인이 도와주고, 각자 역할을 맡아 공존하자는 결론에서 따뜻함을 느꼈다.

- 천재가 재능을 발휘하도록 도와주는 구체적인 방법이 나 자신이 어느 타입인지 분석하는 방법, 자신이 지향하는 타 입에 가까워지기 위한 방법은 (당연하게도) 기사 안에 자세히 언급하지 않았다. 그러므로 이 부분은 책에서 배우고 싶다.

소통의 달인 역할을 하고 있어요

만노-마, 53세 회사원

범인이 천재를 죽이는 이론에 정말 공감했습니다. 입사 후 30년간 개발 부서에서 일했습니다. 개성적인 사람, 예민한 사 람, 집념이 있는 사람이 상사와 관계가 어렵거나 기획안이 통 과되지 않아서 이직하는 상황이 너무나 슬펐습니다.

3년 전부터 회사의 조직 풍토를 개혁하는 부서로 이동한 후 소통의 달인 역할을 맡고 있습니다. 제 역할은 사내에 알려지지 않은 재미있는 사람, 열정이 있는 사람을 발굴하고, 그들을 이해심이 많은 임원과 이어주고 대화의 장을 마련하는 것입니다.

사람이 성장하는 단계에서 그 시기를 지나지 않으면 이해할 수 없는 것, 창조할 수 없는 것이 있습니다. 그것을 깨달은 사람은 소통의 달인이 될 수 있고, 깨닫지 못한 사람은 천재를 죽이는 인간이 되지 않을까요? 제 인생 경험을 통해 느낀 바입니다.

책 출간을 기대하고 있습니다.

이노베이션이 많이 일어나는 사회가 되기를 진심으로 바랍니다.

내면에 들어 있는 천재를 죽이지 마라

누가 천재를 죽였을까?

S#1. 2006년, 방송아카데미 강의실 (오전)

교수: 똑같은 시놉시스로 대본을 썼는데도 다 다르죠. 감각적으로 아주 잘 썼어요. 이건 좀 타고난 거기도 해요. 디테일을 살렸다면 더 완성도 높은 대본이 나왔을 것 같아요.

S#2. 2006년, 방송사 안 카페 (낮)

친구: 와, 아까 수업 시간에 나 깜짝 놀랐잖아. 맞아, 그 상황에서 무슨 말이 필요하겠어. 그걸 지문으로 표현하다니 너 진짜 센스 짱이다.

아, 나는 왜 그 생각을 못했지! 좀 부끄럽고 나는 아직 멀었구나 싶더라.

나: (멋쩍다는 듯 말없이 웃는다)

S#3. 2009년, 카페 (낮)

나: 나 이제 글 그만 쓰려고.

친구: 아, 왜~~! 그러지 말고 다시 생각해봐. 너무 아깝잖아. 난 네가 계속 글 썼으면 좋겠어. 내가 진짜 글 잘 쓴다고 생각하는 세 명이 있는데, 그중 하나가 너거든. 근데 내가 응원하는 사람들은 다 글 안 쓴다고 하니까 너무 속상해. 재능이 너무 아깝잖아.

나: 잘 쓰기는……. 이제 재미없어. 그리고 나보다 잘하는 사람이 '수두룩 백백'해. 아무튼 이 길은 내 길이 아닌 것 같으니까 난 그만할래. 그래도 넌 포기하지 마!

살다 보면 문득문득 떠오르는 장면이 있다. 잊을 수 없는, 어쩌면 잊고 싶지 않은 순간을 플래시백하는 걸지도 모른다. 그때 나는 글 쓰는 걸 업으로 삼고 싶었다. 조금 더 디테일하게 말하자면 드라마 작가를 꿈꿨고, 그 길을 밟기 위해 대학 졸업 후 방송아카데미에 등록했다. 언젠가는 시청자들을 TV

앞에 불러 모으는 국민 드라마를 쓰겠노라 다짐했고, 글로 밥 벌어먹고 살 수 있을 거라는 기대도 했다. 폭발적이지는 않았지만 나름 주변의 반응도 괜찮았다. 나한테 주어진 재능의 카드는 글쓰기라고 확신했고, 그래서 밀고 나갔다. 거침이 없었으니 막힘도 없을 줄 알았다. 쓰고 담을 게 많은 타고난 글쟁이로 살아갈 줄 알았다. 그만큼 쓴다는 행위에 즐거움을 느꼈다. 이번 생은 키보드를 반려자로 삼아야 하나 진지하게 고민도 했다. 인생의 파트너가 꼭 사람이어야 하는 건 아니니까. 그리고 내 다짐과 기대, 확신과 고민이 이렇게 빨리 끝나버릴 줄은 몰랐다. 이쯤 되면 좀 궁금할 수도 있겠다. 꿈을 접어야 할 만한 특별한 사건이나 에피소드, 아니면 불우한 가정사나 피치 못할 사정이 있었는지……. 불행 중 다행인지는 모르겠지만 딱 떨어질 만한 이유는 없었다. 그냥 어느 날 갑자기 쓰는 게 재미없어졌다. 쓸 것도 없고 써지지도 않았다. 그렇게 내 꿈은 끝났다. 너무나 쉽게 디 엔드(The end). 그것도 해피 엔딩이 아닌 새드 엔딩으로.

범인은 바로 나?!

솔직히 줄곧 찝찝했다. 왜 그런 결말로 치달은 건지. 분명 작가(=나)의 의도는 그렇지 않았는데, 내 인생은 왜 이렇게 된 걸까? 풀리지 않는 의문과 풀기 어려운 문제 사이를 오가며 무능력한 실패자로 인생의 낙오자로 지내다가 운 좋게(?) 밥벌이가 될 만한 일을 찾았고, 그 덕분에 나를 괴롭히던 오랜 궁금증에서 자유로워질 수 있었다. 정확히 14년 만에.

> 이 책에는 '천재'와 '수재'와 '범인(凡人)'이라는 세 명의 인물이 등장합니다. 그런데 이들은 사실 특정한 누군가가 아니라 우리 내면에 들어 있는 사람들입니다. 하루하루 이들은 서로를 죽이기도 하고 또 돕기도 하면서 살고 있죠.

우연처럼 찾아온 운명 같은 책, 『나를 죽이는 건 언제나 나였다』를 우리말로 옮기면서 그 범인(犯人)이 바로 '나'라는 걸 알았다.

즐겁다는 건 그만큼 쓸 것도, 할 말도 많았다는 뜻일 텐데 왜 하루아침에 재미없어졌을까? 저자의 말을 빌리자면 (쓴다는 행위에) '싫증이 났기 때문이다'. 즉 더 이상 쓸 것도, 할 말도 없다는 자의식이 발현된 것이다. 그 탓에 타고난 거라는 교수님의 말도 재능이 아까우니 계속 글을 썼으면 좋겠다는 친구의 말도 나(=천재)를 북돋아주지 못했다. 흥미를 잃었으니 좋은 글이 나올 리도 없었다.

'네까짓 게 무슨 글이야? 제발 꼴값 좀 떨지 마! 작가는 아무나 되는 줄 알아! 이제 정신 차리고 취업이나 해!'

이렇게 글 같지도 않은 글을 쓰는, 무능력한 천재는 결국 나 자신(=범인(凡人))에게 인정받지 못하고 배척당한 거다. 즉 내 안의 범인이, 내 안의 천재를 죽인 거다. 왜? 범인은 천재한테 공감하지 못했으니까. 공감의 부재가 살해 동기라니 참으로 놀랍고도 가여울 뿐이다.

지금 알고 있는 걸 그때도 알았더라면 이런 안타까운 일은 일어나지 않았을 테고 막을 수도 있었을 텐데. 너무나 아쉽지만 이제라도 알게 됐으니 그나마 다행이다. 적어도 연쇄(?) 살인은 멈출 수 있으니 말이다.

이제는 나와 소통하고 공감할 시간이다

우울한 이야기는 그만하고, 이제 긍정적인 이야기를 해보련
다. 죽이는 거 말고 서로 도우며 사는 이야기 말이다. 사실 이
책의 강조점 또한 여기에 있다. 내 안의 공존하는 천재와 수
재와 범인이 공생할 때 비로소 우리는 재능을 발휘할 수 있다
는 것에. 그러니까 이 책을 관통하는 질문은 바로 이거다.

'어떻게 하면 내가 가진 능력치를 최고로 끌어올릴 수 있을
까?'

저자 기타노 유이가가 우리에게 내놓은 답은 '공감'과 '소
통'이다. 진부하다고 느끼는 사람도 많을 텐데, 그 결이 조금
다르다. 상대는 타인이 아니라 바로 나이기 때문이다. 사회에
서든 인간관계에서든 커뮤니케이션이 중요한 것처럼 자기
자신과의 소통도 중요하다. 소통해야 공감할 수 있기 때문이
다. 그런데 참 아이러니하게도 우리는 타인과는 끊임없이 소
통하려고 노력하면서 정작 자기 자신과는 그다지 소통하려
고 하지 않는다. 즉, 커뮤니케이션이 단절되는 것이다. 자기
자신과 소통하지 않으면 내 안의 천재도 수재도 범인도 찾을
수 없는데 말이다. 이 말인즉슨 나의 재능이 무엇인지 알 수

없다는 뜻이다. 모르는데 어떻게 발현하겠는가!

제발 나한테는 재능 같은 건 없다고, 나는 그냥 별 볼 일 없는 인간이라고, 그러니 이번 생은 글렀다고 자포자기하지 마라. 그럴 시간에 찬찬히 나를 들여다보며 나의 가치와 목표, 나의 강점과 약점, 나의 아군과 적군이 무엇/누구인지 하나씩 알아보길 바란다. 이것들을 찾아서 연결하다 보면 지금까지 미처 몰랐던 나(천재 또는 수재나 범인)라는 존재에게 공감할 수 있다. 그리고 그 공감 속에 깃든 응원과 격려가 나의 재능을 꽃피우게 한다. 이것이 내 능력치를 최고로 끌어올리는 방법이다.

'나의 재능을 믿고, 살리면 인생 최고의 나를 만날 수 있게 된다.'

14년 전 어느 날 갑자기 글쓰기에 흥미를 잃고, 앞으로 뭘로 먹고살아야 하나 한참을 고민했다. 어차피 늦은 취업 조금 더 늦게 한다고 큰일이 날 것도 아니었다. 한마디로 시간이 남아돌았다. 공들여 탑을 쌓는 심정으로 공들여 나와 소통했다. 내가 좋아하는 것과 잘하는 것, 내가 하고 싶은 일과 잘할 수 있는 일, 내 이름 앞에 붙이고 싶은 타이틀 등등. 한 번은 실패했으니 두 번은 그러지 말자고. 글 쓰는 재주가 없다는 걸 알았고, 그래서 글을 다루는 일로 눈을 돌렸다. 책을 쓰는 일보다는 만드는 일이 즐거웠고, 지금 아주 잘하고 있다고 스스로 응원했으며, 거듭 재쇄를 찍는 책도 꽤 됐다. 내가 나 자신과 소통하고 공감하는 순간 새로운 세상이 열렸다. 내 안의 천재와 범인과 수재가 힘을 한데 모아 나를 응원하고 도와주고 있었다. 그러자 주변에서도 나를 알아보고 함께 격려해주었다. 그 덕분에 나는, 나의 가치(재능)를 발견했고 예전보다 멋있어진 나와 마주할 수 있었다. 새드 엔딩이라 생각했던 인생이 해피 엔딩으로 바뀌는 쾌감도 맛보았다. 고백하건대 내가 이렇게 『나를 죽이는 건 언제나 나였다』를 만날 수 있던 것도 이런 과정 덕분이다. 지금의 나를 만든 건 바로 나였다.

내가 뭘 잘하는지 모르겠다고, 할 줄 아는 게 아무것도 없다고, 그래서 인생이 너무 억울하다는 생각이 드는가? 지금 당신에게 필요한 건 자기 자신과 소통하고, 공감하는 시간이다. 스스로를 제대로 이해하는 사람만이 남도 이해할 수 있다. 그러니 아니라고 하지 말고 안 된다고 하지 말고, 부디 자신과 원활한 커뮤니케이션을 하기를. 누구보다 열렬히 자신을 믿고 지지하기를. 당신 안에 있는 천재와 수재와 범인이

서로 도우며 살아가기를. 그래서 타인에게도 공감을 이끌어
내기를. 자신의 가치를 발견하고 인생 최고의 '나'를 만나기
를. 모두가 자신의 인생을 해피 엔딩으로 이끌게 되기를. 저
자와 더불어 진심으로 응원한다.

2022년 2월
민혜진

기타노 유이가 北野 唯我

고베대학 경영학부를 졸업한 후 일본의 취업 빙하기에 대형 광고 회사인 하쿠호도에 입사해 경영과 재무를 담당했다. 이후 미국과 대만에서 공부한 뒤 보스턴 컨설팅 그룹을 거쳐 2016년 고급 전문 인력을 대상으로 하는 인재 포털사이트 '원 커리어' 편집장을 역임했으며 현재는 동 회사의 최고 전략 책임자로 일하고 있다.

『나를 죽이는 건 언제나 나였다(원제: 천재를 죽이는 범인天才を殺す凡人)』는 그의 대표작으로 블로그에 올린 칼럼 '범인이 천재를 죽이는 이유'가 엄청난 인기를 끌자 이를 이야기 형식으로 만들어 출간한 작품이다. 13만 부 이상 판매되며 베스트셀러가 된 이 작품은 '왜 우리는 어느 순간 창의력을 잃어버리는 걸까?'라는 질문에서 출발한다. 누구나 재능을 갖고 태어나지만 그 재능을 세상에 펼쳐내기도 전에 스스로 억눌러버리거나 혹은 사회에서 인정받지 못하고 묵살당하는 현실을 소설 같은 이야기 구조를 통해서 고발한 것이다. 직장인이라면 누구나 공감할 만한 여러 인간 군상을 천재, 범인, 수재라는 카테고리로 분류하여 해설해주는 것도 독자들에게 큰 호응을 받았다. 이 외에도 『이 회사 계속 다녀도 괜찮을까』, 『OPENNESS 직장의 '분위기'가 결과를 결정한다』, 『분단을 만들어내는 에디슨』 등 여러 작품이 있다. 기타노 유이가는 여러 TV 프로그램을 비롯해 〈일본경제신문〉, 〈프레지던트〉 등의 비즈니스 전문매체에서 커리어 전문가로도 활동하고 있다.

민혜진

한때는 인세로 밥 먹고 사는 글쟁이의 삶을 꿈꿨지만, '박제가 되어버린 천재를 아시오?'로 시작하는 이상적인 소설을 읽고 일찌감치 포기했다. 그 후 글 다루는 일로 눈을 돌려 편집자로 밥벌이하며 지내다가 현재는 해외의 좋은 책을 기획하고 번역하는 일을 업으로 삼고 있다. 옮긴 책으로는 『한마디 먼저 건넸을 뿐인데』, 『나를 죽이는 건 언제나 나였다』가 있다.

나를
죽이는 건
언제나   나였다

1판 1쇄 인쇄 | 2022년 3월 14일
1판 1쇄 발행 | 2022년 3월 18일

지은이 | 기타노 유이가
옮긴이 | 민혜진
발행인 | 김태웅
기획편집 | 박지호
디자인 | design PIN
마케팅 총괄 | 나재승
마케팅 | 서재욱, 김귀찬, 오승수, 조경현, 김성준
온라인 마케팅 | 김철영, 장혜선, 김지식, 최윤선, 변혜경
인터넷 관리 | 김상규
제 작 | 현대순
총 무 | 윤선미, 안서현, 지이슬
관 리 | 김훈희, 이국희, 김승훈, 최국호

발행처 | (주)동양북스
등 록 | 제2014-000055호
주 소 | 서울시 마포구 동교로22길 14 (04030)
구입 문의 | 전화 (02)337-1737 팩스 (02)334-6624
내용 문의 | 전화 (02)337-1739 이메일 dymg98@naver.com

ISBN 979-11-5768-793-0 03190